JN413126

쉽게 만들어 입는 옷

오버록 재봉틀로 만드는 옷

오버록 재봉틀로 만드는 옷

3쇄 펴낸날 2023년 10월 17일

지은이 _ 가타야마 유코
옮긴이 _ 남궁가윤
펴낸이 _ 정원정, 김자영
편집 _ 홍현숙
디자인 _ 김민정

펴낸곳 _ 즐거운상상
주소 _ 서울시 중구 충무로 13 엘크루메트로시티 1811호
전화 _ 02-706-9452 팩스 _ 02-706-9458
전자우편 _ happydreampub@naver.com
페이스북 _ @happydreampub
포스트 _ post.naver.com/happydreampub
출판등록 _ 2001년 5월 7일
인쇄 _ 천일문화사

ISBN 979-11-5536-145-0 (13630)

오버록 재봉틀로 쉽게 옷을 만들어 입어요

오버록 재봉틀로 만드는 옷은 일반 양재에 비해 부담 없이 도전할 수 있습니다.

일단 시도해 보면 쉽고 즐겁게 만들 수 있어서 오버록 재봉에 푹 빠질 거예요.

만드는 과정이 간단하고 시접 처리가 쉬워서 다양한 옷감으로 취향에 맞게 만들 수 있지요.

오버록 재봉에 익숙해지면 가족이나 친구에게 옷을 선물하고 싶어지기도 하죠.

이 책에는 110, 120, 130, 140, 150 사이즈의 아동용부터 S, M, L, 2L, 3L 사이즈의 성인용까지

다양한 사이즈의 옷본이 포함되어 있어 아동용, 여성용, 남성용까지 만들 수 있어요.

각 부분의 이름

만드는 법 페이지에 실린 완성
치수는 작품의 각 부분을 오른쪽
사진처럼 잰 것입니다.

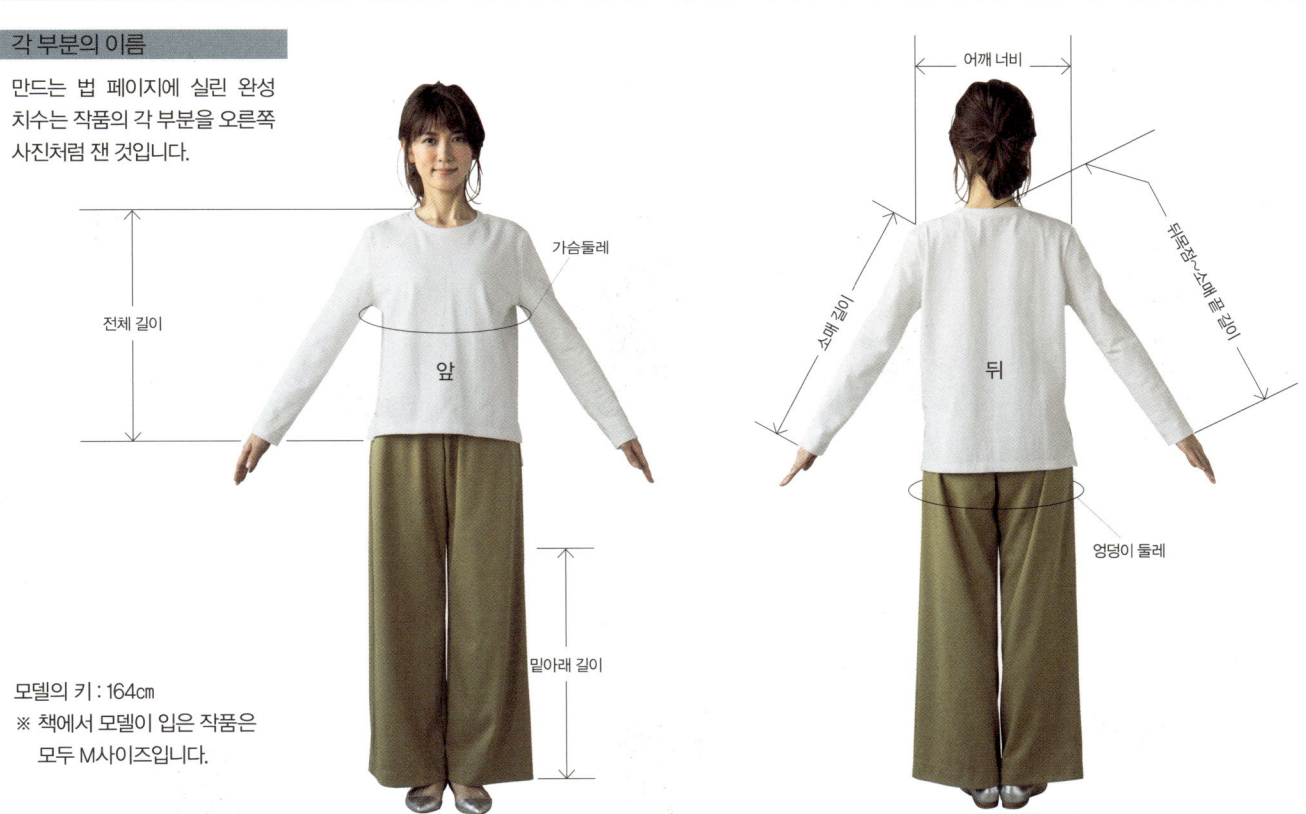

모델의 키 : 164㎝
※ 책에서 모델이 입은 작품은
모두 M사이즈입니다.

참고 치수표(신체 치수)

(단위 ㎝)

사이즈			가슴둘레	엉덩이둘레	키	팔 길이	밑아래 길이
아동	110		58	62	110	37.5	44
	120		62	66	120	41	49
	130		66	72	130	45	54
	140		70	76	140	47	60
	150		74	80	150	49	65
여성	S	남성	78	84.5	155	50.5	68.5
	M	S	84	90	160	52	71
	L	M	90	96.5	165	53.5	73
	2L	L	96	103	170	55	75.5
	3L	2L	102	109	175	56.5	77.5

※ 실물 크기 옷본·만드는 법의 치수 표시는 모두 여성·아동 치수입니다.

※ 남성용을 만들 때는 참고 치수표에서 여성 사이즈 옷본을 고르고 작품의
완성 치수를 확인한 후에 만듭니다.

※ 소매 길이나 전체 길이를 수정하는 방법은 63쪽에 있습니다.

contents

※ 이 책에 실린 작품은 부록으로 들어 있는 실물 크기 옷본과 그것을 응용하여 만들 수 있습니다.
실물 크기 옷본은 다른 종이나 패턴용 부직포에 옮겨 그려서 사용하세요.

※ 실물 크기 옷본의 치수는 S, M, L, 2L, 3L, 110, 120, 130, 140, 150 열가지입니다.
옷본을 조절해서 만들 분은 63페이지에 적힌 방법대로 옷본을 수정하여 사용하세요.

※ 모델이 입은 옷은 M치수입니다. 참고 치수표는 3쪽에 있습니다.

티셔츠는 형태가 '단순'합니다.

취향에 따라 넉넉한 스타일을 선호하기도 하고

몸에 착 붙는 스타일을 좋아하기도 하죠.

남자도 여자도 남자아이도 여자아이도

모두 입을 수 있는 기본 형태로 패턴을 만들었습니다.

티셔츠를 만들 수 있으면 자신감이 생깁니다.

먼저 처음 한 벌을 만들어 보세요.

1

| 반소매 티셔츠 |

크루넥에 반소매는 가장 기본형 티셔
츠입니다. 성인 여성이 맞는 사이즈로
입었을 때 어깨선이 조금 내려오고 품
에 여유가 있는 디자인입니다. 몸에
딱 붙게 입고 싶다면 하나 작은 사이
즈를 선택하세요.

사 이 즈 | 110~3L

만드는 법 | P.8

사용한 옷감
면 가로줄무늬

추천 소재
면이나 폴리에스테르 혼방 평직 니트. 옷감
가장자리가 말리지 않는 종류가 바느질하기
쉽습니다. 아동용으로는 촉감이 부드러운
후라이스도 추천.

실물 크기 옷본 A면

※실물 크기 옷본은 따로 시접을 둘 필요가 없다.
● 은 옷본에 포함된 시접분이며 따로 지시가 없는 곳은 시접분 1cm 포함.
― 는 맞춤 표시로 약 3mm 가위집을 넣는다.

옷감을 마름질하는 법 (M사이즈)

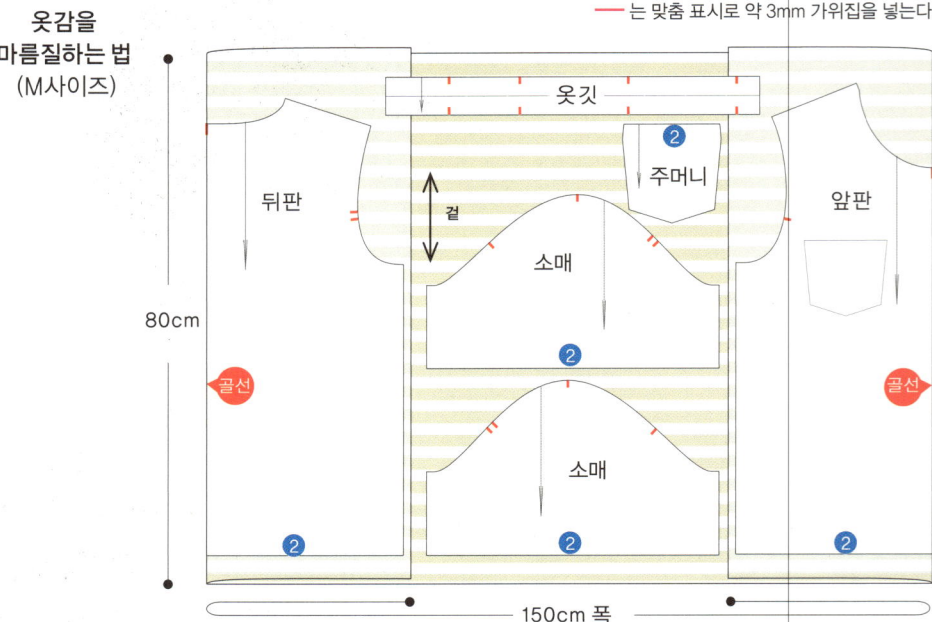

80cm / 150cm 폭

뒤판 / 겉 / 옷깃 / 주머니 / 앞판 / 소매 / 골선

사이즈	완성 치수(cm)				옷감 필요량
	전체 길이	가슴둘레	어깨너비	소매 길이	150cm 폭
110	39	69	28	14.5	60cm
120	43	74	30	15.5	60cm
130	46.5	78.5	32	17	60cm
140	50	83	34	18.5	70cm
150	53.5	88	36	19.5	70cm
S	55	93	38	20.5	70cm
M	57	100	41	21	80cm
L	59	107	43.5	21.5	1m
2L	60.5	114	47	22.5	1m
3L	62.5	121.5	49.5	23	1m

각 사이즈 공통 재료
• 늘어남 방지 테이프 9mm 폭 약 40cm

로터리 커터
부드럽고 잘 움직이는 니트 옷감은 옷감 밑에 커팅 매트를 깔고 로터리커터로 자르면 정확하게 자를 수 있습니다.

(겉) / 소매(안)

③ 소매를 1장 더 마름질한다. 1장씩 자를 때는 처음에 자른 소매를 옷감에 겉끼리 맞닿게 겹쳐 놓고 작업하면 실패할 우려도 없고 무늬도 맞출 수 있다.

1 | 옷감을 마름질한다

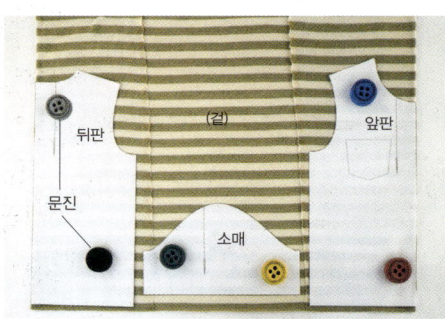

뒤판 / (겉) / 앞판 / 문진 / 소매

① '옷감을 마름질하는 법'을 참고하여 옷감을 접고 옷본을 배치한 후 문진으로 누른다. 옷본에 시접이 포함되어 있으므로 옷본대로 자른다.

줄무늬 Point 1

마름질하기 전에 옷감을 줄무늬에 맞춰서 가지런히 자릅니다.

줄무늬 Point 2

몸판과 소매의 무늬를 맞춤 표시 위치에서 맞춰서 옷본에 무늬를 적어 둡니다.

소매 / 뒤판

② 옷본을 따라 자른 뒤, 움직이기 전에 맞춤 표시에 3mm 정도의 가위집을 넣는다.

(겉) / 옷깃 / 겉깃

④ 옷깃을 옷본대로 자르고 맞춤 표시에 가위집을 넣는다.

줄무늬 Point 3

옷깃의 접음선을 줄무늬에 맞추고 겉으로 나오게 하고 싶은 색을 옷깃 아래쪽으로 합니다.

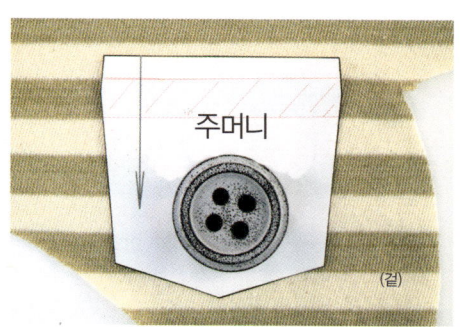

⑤ 주머니를 옷본대로 자른다.

줄무늬
Point 4

잘라낸 앞판의 왼쪽에 옷본을 뒤집어서 겹치고, 주머니 다는 위치에 시접분을 고려하여 주머니 옷본을 겹칩니다. 몸판의 줄무늬를 1줄 옮겨 그려 둡니다.

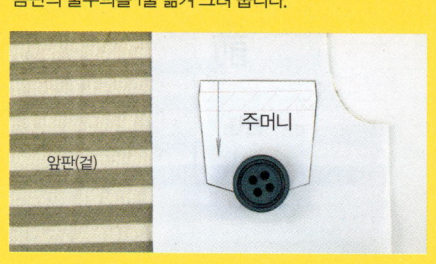

2 | 늘어남 방지 테이프를 붙인다

뒤판의 어깨선에 늘어남 방지 테이프를 붙인다.

늘어남 방지 테이프
부드럽고 얇은 니트 타입.
9~12mm 폭 테이프를 추천.

---

3 | 주머니 입구·소맷부리·밑단에 오버록하고 시접을 접는다

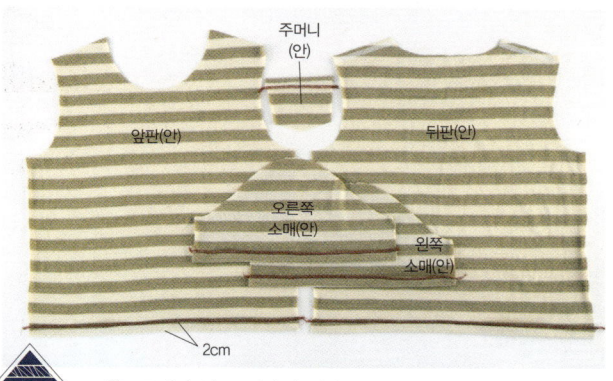

오버록

① 주머니 입구, 앞판과 뒤판의 밑단, 소맷부리의 가장자리에 겉쪽을 위로 오게 놓고 1장씩 오버록한다(오른쪽 A 참고). 시접을 다려서 2㎝ 접는다. ※ P.11-9에서 I 커버스티치를 선택할 때는 오버록을 하지 않는다.

다리미 시접자
다리미 시접자로 시접 폭을 재면서 접으면 따로 표시할 필요가 없어서 작업이 쉽다.

A **옷감 1장에 오버록한다**

자투리 옷감을 기본 설정(P.81~82)으로 박아 본다.

엄지손가락으로 노루발을 올리고 자투리 옷감을 끼운다. 옷감 겉쪽을 위로 오게 놓고 박는다.

칼날로 가장자리의 들쑥날쑥한 부분을 정리하는 정도로 가지런히 자르면서 박는다. 시작할 때와 마칠 때의 실(빈 사슬)은 2~3cm 남겨 둔다.

박은 뒤에 가장자리가 늘어났다 ─

적당한 상태 ─

가장자리가 줄어들었다 ─

옷감에 따라 오버록한 뒤에 옷감 가장자리가 늘어나거나 줄어들 때가 있기 때문에 본 작업을 시작하기 전에 시험 삼아 박아 보고 적당한 상태가 되도록 재봉틀의 차동 조절(P.81~82) 기능을 이용하여 조정한다.

※ 옷감이 늘어났을 때는 물결치는 부분을 스팀다리미로 살짝 눌러 주면 조금 돌아온다.

---

4 | 주머니를 만들어서 앞판에 단다

직선박기

① 주머니 입구에 오버록한 위를 직선박기하고 시접을 접는다. 주머니 입구에 남겨둔 실은 시접 밑에 숨긴다.
※ 재봉실은 P.11-9 Ⅲ·Ⅳ에서 고른다(이하 같음).

① 앞판 옷본에 펀치나 송곳으로 작게 구멍을 낸다. 마지막에 구멍이 주머니에 가려지도록 주머니 다는 위치의 모서리 안쪽에 뚫는다.

② 앞판 왼쪽에 옷본을 겹치고, 구멍 부분에 색연필로 점을 찍어 표시한다. 색연필을 누르듯이 꾹 대고 돌리면 작고 확실하게 표시할 수 있다.

5 | 어깨선을 박는다

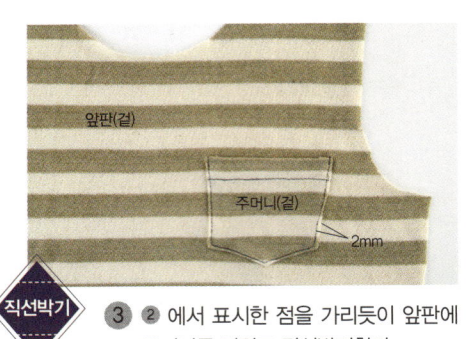

직선박기

③ ②에서 표시한 점을 가리듯이 앞판에 주머니를 겹치고 직선박기한다.

① 앞판과 뒤판 어깨선을 겉끼리 맞대고 시침 클립으로 고정한다.

시침 클립
니트 옷감은 편물이기 때문에 시침핀을 사용하면 핀 끝에 실이 끊어질 우려가 있으므로 시침 클립을 사용하는 것이 좋다.

오버록

② 앞판을 위로 오게 놓고 어깨선을 오버록하여 잇는다(오른쪽 B 참고).

B 옷감 2장을 오버록하여 잇는다

노루발을 오른손 엄지손가락으로 올리고 옷감을 끼운다.

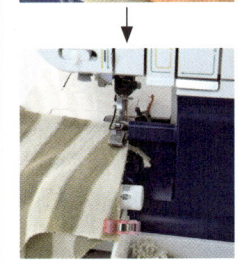

옷감 가장자리를 3mm 정도 잘라내면서 박아서 2장을 잇고, 시작할 때와 마칠 때의 실(빈 사슬)은 2~3cm 남겨 둔다.

③ 어깨선 시접을 다려서 뒤판 쪽으로 넘긴다.

---

6 | 소매를 단다

① 몸판과 소매를 겉끼리 맞대고 소맷마루를 시침 클립으로 고정한다.

오버록

② 소맷마루를 오버록하여 잇는다(오른쪽 B·C·D 참고). 소매와 몸판 중 박기 편한 쪽을 위로 오게 놓고 박는다.

C 오버록 재봉틀로 곡선을 박는다

옷감 가장자리가 곡선일 때는 노루발 앞에서 가장자리가 직선이 되도록 옷감을 잡고 박는다.

D 오버록하고 남은 실 끝

어깨선 솔기에서 나와 있는 오버록 실 끝(빈 사슬)은 소맷마루를 오버록하면서 옷감 가장자리와 함께 재봉틀 칼날로 잘라낸다.

---

7 | 소매 옆선에서부터 몸판 옆선까지 박는다

① 앞판과 뒤판을 겉끼리 맞대고 가장자리를 맞춰서 시침 클립으로 고정한다. 겨드랑이 부분은 서로 엇갈리게 시접을 넘기고 소매 옆선까지 고정한다.

오버록

② 소맷부리에서부터 밑단까지 오버록하여 잇는다(왼쪽 C·D 참고).

포인트
지시가 없을 때는 시접을 다려서 넘기지 않는다.

8 | 옷깃을 만들어서 몸판에 단다

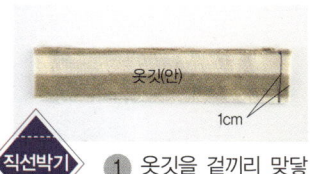

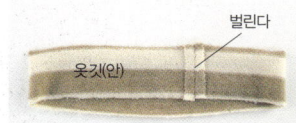

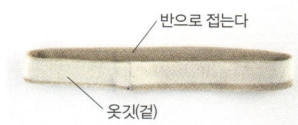

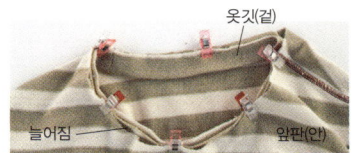

직선박기

① 옷깃을 겉끼리 맞닿게 접어서 끝을 직선박기한다.

② 시접을 다려서 벌린다.

③ 안끼리 맞닿게 반으로 접는다.

④ 몸판과 옷깃을 겹치고 맞춤 표시에 맞춰서 고정한다. 옷깃보다 몸판이 길기 때문에 늘어지는 상태가 고르게 되도록 맞춤 표시 사이도 고정한다.

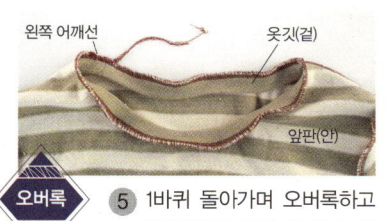

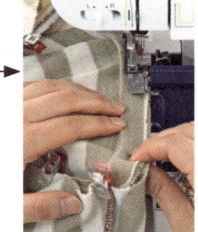

오버록

⑤ 1바퀴 돌아가며 오버록하고(오른쪽 E 참고) 실 끝을 처리한다(아래 F 참고).

E 옷감을 늘이면서 1바퀴 돌아가며 오버록한다

노루발 레버로 노루발을 올리고 왼쪽 어깨선을 단단히 끼운다. 옷감 가장자리를 3mm 정도 잘라내면서 박는다.

몸판의 늘어진 부분이 없어지도록 옷깃을 살짝 늘이면서 1바퀴 돌아가며 박고, 처음 박은 바늘땀 2~3cm에 겹쳐 박는다. 빈 사슬을 10cm 정도 남긴다.

⑥ 시접을 다려서 몸판 쪽으로 넘기고 모양을 정리한다.

F 오버록한 실 끝 정리

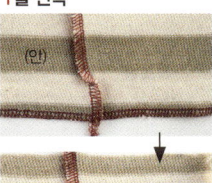

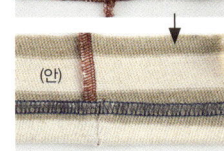

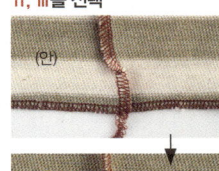

남겨 둔 실(빈 사슬)을 돗바늘에 걸어서 접는다.

실이 접힌 상태로 오른손으로 잡고 바늘을 뺀다.

실이 접힌 부분부터 바늘귀에 끼우면 쉽게 끼울 수 있다.

실 끝을 사진처럼 바늘귀에서 끌어낸다.

옆의 바늘땀에 바늘을 꽂아서 실을 집어넣고, 남은 실 끝을 자른다.

9 | 소맷부리와 밑단을 박는다 아래 Ⅰ~Ⅲ 중에서 박는 법과 재봉실을 선택한다.

Ⅰ를 선택

P.9-3의 접음선에서 시접을 비틀어서 서로 엇갈리게 넘긴다.

시접을 P.9-3의 접음선에서 접고, 겉을 위로 오게 놓고 커버스티치 재봉틀로 박는다(P. 83~84).

Ⅱ, Ⅲ를 선택

P.9-3의 접음선에서 시접을 비틀어서 서로 엇갈리게 넘긴다.

시접을 P.9-3의 접음선에서 접고, 안을 위로 오게 놓고 오버록한 위를 박는다.

양면 열접착 테이프

Ⅱ~Ⅳ에서 옷감이 늘어서 박기 어려울 때는 시접을 접착하면 임시로 고정되고 늘어남도 방지되므로 박음질하기가 쉽다.

니트 전용 재봉실

니트 전용 재봉실은 오버록 재봉틀로 니트 옷감을 박을 때 사용하기 편하게 실패에 감겨 있다. 늘어나지 않는 실이므로 직물 바느질에도 사용할 수 있어서 편리하다.

완성

앞

뒤

박는 법과 재봉실의 선택

Point

니트 옷감을 직선박기하면, 입고 벗을 때 옷감은 늘어나는데 바늘땀이 따라가지 못해서 실이 끊어집니다. Ⅰ과 Ⅱ는 바늘땀이 늘어나므로 실이 끊어질 염려가 없습니다. Ⅲ은 바늘땀이 늘어나지 않는 직선박기이므로 신축성 있는 실을 사용하면 실이 끊어질 염려가 적습니다. 가지고 있는 재봉틀과 재봉실 중에서 가능한 방법을 고르세요. 바늘땀이 늘어나지 않아도 되는 주머니 입구, 슬릿 있는 밑단, 넓은 소맷부리나 밑단일 때는 Ⅳ처럼 늘어나지 않는 실도 사용할 수 있습니다.

Ⅰ 커버스티치
니트 옷감이 늘어나면 바늘땀도 따라서 늘어난다. 시접 처리도 동시에 할 수 있다.

(겉)

사용하는 실(늘어나지 않는 실)

Ⅱ 지그재그박기
지그재그박기한 바늘땀이 늘어나므로 니트 옷감이 늘어날 때 따라서 늘어난다.

(겉)

사용하는 실(늘어나지 않는 실)

Ⅲ 직선박기
늘어나는 실을 사용하여 직선박기한 바늘땀이 늘어나도록 한다.

(겉)

사용하는 실(늘어나지 않는 실)

Ⅳ 직선박기
바늘땀이 늘어나지 않아도 되는 부분에서는 니트 옷감이라도 늘어나지 않는 실로 박아도 된다.

(겉)

사용하는 실(늘어나지 않는 실)

2

| 브이넥 티셔츠 |

브이넥이 쇄골을 예쁘게 드러내어 산뜻합니다. 1의 티셔츠 목둘레를 브이넥으로 변형했습니다. 크루넥에 비해 목둘레 처리가 조금 어렵습니다. 더 간단하게 처리할 수 있도록 했으니 시험 삼아 만들어 보세요.

사 이 즈 | 110~3L

만드는 법 | P.16

사용한 옷감
평직 니트

추천 소재
1과 마찬가지로 옷감의 가장자리가 말리지 않는 면이나 폴리에스테르 혼방 평직 니트가 바느질하기도 쉽고 착용감도 좋습니다. 옷감이 얇으면 박을 때 어긋나기 쉬우므로 초보자에게는 조금 도톰한 옷감을 추천합니다.

3

1의 티셔츠를 긴소매로 변형했습니다. 뒤판 길이를 길게 하여 앞뒤판에 차이를 두어 엉덩이 둘레를 커버했습니다. 바지 속에 집어넣어도 휘감기지 않고 입을 수 있습니다. 옆선 솔기를 이용하여 만든 슬릿도 입었을 때 경쾌한 인상을 줍니다.

사 이 즈 | 110~3L

만드는 법 | P.17

사용한 옷감
평직 니트

추천 소재
1, 2와 마찬가지로 조금 얇은 평직 니트가 고급스러운 느낌을 줍니다. 살짝 도톰하고 투박한 느낌이 나는 평직 니트는 초보자도 다루기 쉽고, 옷을 만들었을 때 캐주얼한 느낌이 납니다.

4

| 티셔츠 원피스 |

1의 티셔츠 길이를 무릎 아래까지 연
장해서 편안한 느낌의 원피스로 만들
었습니다. 길이를 더 늘여서 발목까
지 오게 하는 등 취향에 맞게 즐길 수
있습니다. 바지나 레깅스를 받쳐 입
거나 허리띠를 매면 또 다른 분위기가
납니다.

사 이 즈 | 110~3L

만드는 법 | P.15

사용한 옷감
평직 니트

추천 소재
비치지 않는 평직 니트를 추천. 길이가 긴
만큼 옷감이 뒤틀리면 옷 모양이 망가지므
로 무게가 있어도 잘 늘어나지 않는 옷감을
고르는 것이 좋습니다.

실물 크기 옷본 A면

※실물 크기 옷본은 따로 시접을 둘 필요가 없다.

● 은 옷본에 포함된 시접분이며 따로 지시가 없는 곳은 시접분 1㎝ 포함.
― 는 맞춤 표시로 약 3㎜ 가위집을 넣는다.

옷감을
마름질하는 법
(M사이즈)

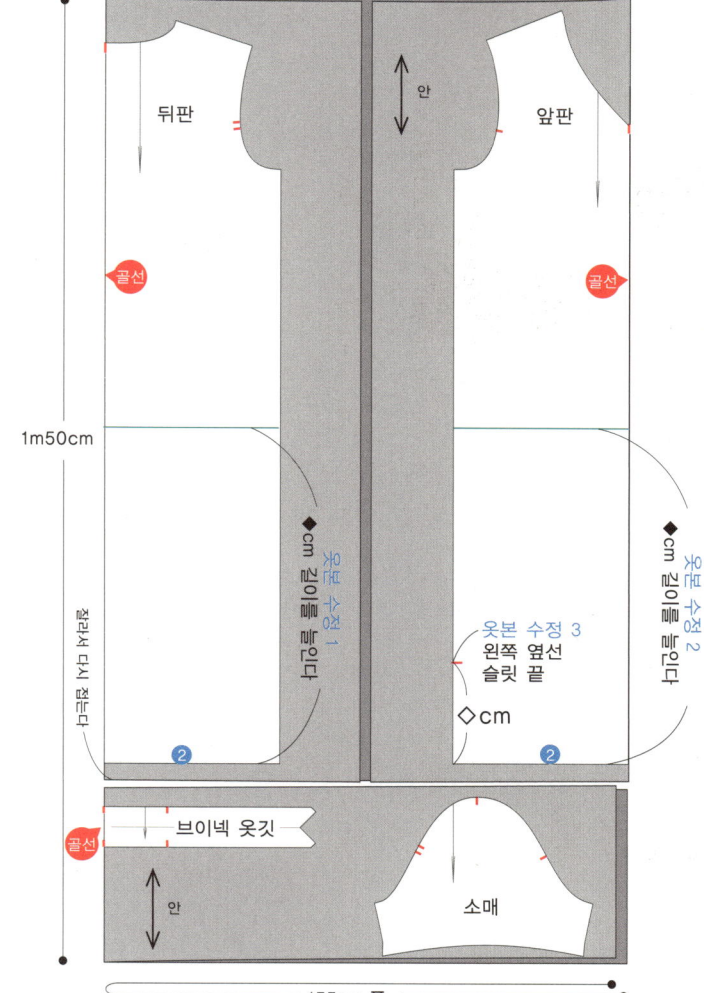

뒤판   안   앞판

골선   골선

1m50cm

◆cm 길이를 늘인다

잘라서 다시 접는다

옷본 수정 1

옷본 수정 2
◆cm 길이를 늘인다

옷본 수정 3
왼쪽 옆선
슬릿 끝

◇cm

②   ②

골선   브이넥 옷깃

안   소매

155cm 폭

사이즈	완성 치수(cm)				옷감 필요량	변형 치수	
	전체 길이	가슴 둘레	어깨 너비	소매 길이	155cm 폭	◆	◇
110	69	69	28	13	90cm	30	6
120	76.5	74	30	14	1m	33.5	7
130	83.5	78.5	32	15.5	1m 10cm	37	8
140	91.5	83	34	16.5	1m 10cm	41.5	11
150	99	88	36	18	1m 20cm	45.5	12.5
S	103.4	93	38	18.5	1m 20cm	48.5	14.5
M	107	100	41	19	1m 50cm	50	15
L	110.5	107	43.5	19.5	1m 50cm	51.5	15.5
2L	113.5	114	47	2-	1m 50cm	53	16
3L	117	121.5	49.5	20.5	1m 60cm	54.5	16.5

각 사이즈 공통 재료
• 늘어남 방지 테이프 9mm 폭 약 40cm

포인트
• 앞판 옷본은 브이넥 목둘레선을 옮겨 그립니다.
• 슬릿은 왼쪽 옆선에만 있습니다.

만드는 순서

1. 옷본을 수정하여 옷감을 마름질한다
   (옷감을 마름질하는 법).
2. 늘어남 방지 테이프를 붙인다 (P.9-2)
3. 소맷부리・밑단에 오버록하고 시접을 접는다 (P.9-3)

4. 어깨선을 박는다 (P.10-5)
5. 소매를 단다 (P.10-6)
6. 오른쪽 소매 옆선에서부터 오른쪽 몸판 옆선까지 박는다 (P.10-7)
7. 밑단을 박는다 (P.11-9)

8. 왼쪽 밑단의 슬릿, 왼쪽 소매 옆선, 왼쪽 몸판 옆선을 박는다 (P.17-7)
9. 옷깃을 만들어서 몸판에 단다 (P.16-7)
10. 소맷부리를 박는다 (P.11-9)

P.55 | **퍼프소매 티셔츠 만드는 법**

실물 크기 옷본 A면

포인트
• 소매 옷본은 퍼프소매와 퍼프소매 커프스를 사용합니다.
• 완성 치수와 옷감 필요량은 P.8 작품 1과 같습니다.

만드는 순서

1. 옷감을 마름질한다 (옷감을 마름질하는 법은 P.8. 주머니를 없애고 커프스를 2장 마름질한다)
2. 늘어남 방지 테이프를 붙인다 (P.9-2)
3. 밑단에 오버록하고 시접을 접는다 (P.9-3)
4. 어깨선을 박는다 (P.10-5)

5. 소매를 단다 (P.10-6)
6. 소매 옆선에서부터 몸판 옆선까지 박는다 (P.10-7)
7. 옷깃을 만들어서 몸판에 단다 (P.11-8)
8. 소맷부리에 커프스를 단다 (P.28-6)
9. 밑단을 박는다 (P.11-9)

실물 크기 옷본 A면

※실물 크기 옷본은 따로 시접을 둘 필요가 없다.
● 은 옷본에 포함된 시접분이며 따로 지시가 없는 곳은 시접분 1㎝ 포함.
— 는 맞춤 표시로 약 3mm 가위집을 넣는다.

옷감을 마름질하는 법 (M사이즈)

135cm 폭

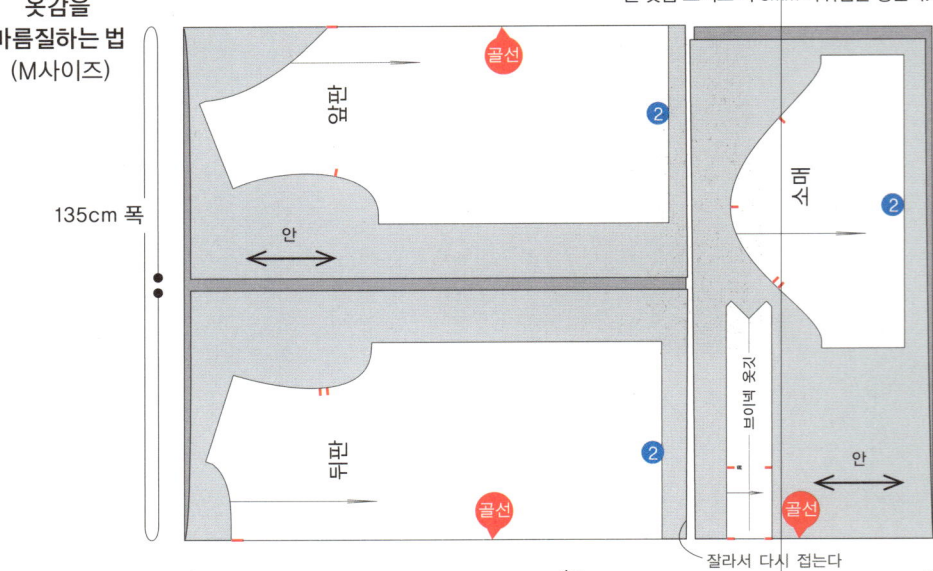

1m

잘라서 다시 접는다

사이즈	완성 치수(cm)				옷감 필요량
	전체 길이	가슴둘레	어깨너비	소매 길이	135㎝ 폭
110	39	69	28	14.5	70cm
120	43	74	30	15.5	80cm
130	46.5	78.5	32	17	90cm
140	50	83	34	18.5	90cm
150	53.5	88	36	19.5	90cm
S	55	93	38	20.5	1m
M	57	100	41	21	1m
L	59	107	43.5	21.5	1m 10cm
2L	60.5	114	47	22.5	1m 10cm
3L	62.5	121.5	49.5	23	1m 10cm

각 사이즈 공통 재료
• 늘어남 방지 테이프 9mm 폭 약 40cm

포인트
• 앞판 옷본은 브이넥 목둘레선을 옮겨 그립니다.

만드는 순서

1. 옷감을 마름질한다 (옷감을 마름질하는 법)
2. 늘어남 방지 테이프를 붙인다 (P.9-2)
3. 소맷부리·밑단에 오버록하고 시접을 접는다 (P.9-3)
4. 어깨선을 박는다 (P.10-5)

5. 소매를 단다 (P.10-6).
6. 소매 옆선에서부터 몸판 옆선까지 박는다 (P.10-7)
7. 옷깃을 만들어서 몸판에 단다 (아래)
8. 소맷부리와 밑단을 박는다 (P.11-9)

---

7 | 옷깃을 만들어 몸판에 단다

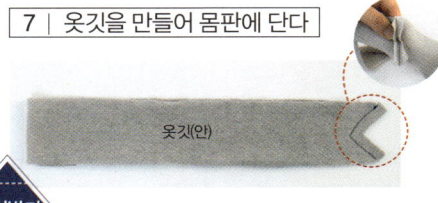

직선박기

① 옷깃을 겉끼리 맞닿게 접어서 끝을 직선박기한다. ※ 재봉실은 P.11-9 Ⅲ·Ⅳ에서 고른다(이하 같음).

② 시접을 벌리면서 옷깃을 반으로 접어서 브이자 모양으로 만든다.

③ 옷깃 전체도 반으로 접고 다려서 모양을 정리한다.

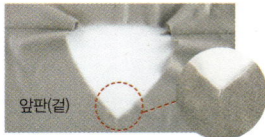

④ 앞판 목둘레선의 브이 부분에 8mm 정도 가위집을 넣는다.

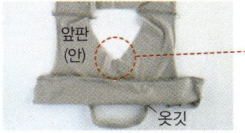

⑤ 옷깃 위에 앞판의 브이 부분을 사진처럼 겹친다.

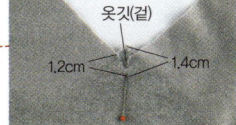

⑥ 사진처럼 겹쳐서 시침핀으로 고정한다.

⑦ 앞판 목둘레선을 옷깃 가장자리에 가지런히 맞춰서 시침 클립으로 고정한다.

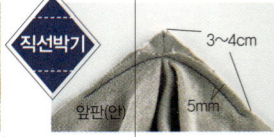

직선박기

⑧ 직선박기한다.

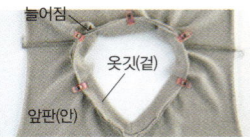

⑨ 옷깃과 몸판의 맞춤 표시를 시침 클립으로 고정한다.

(옷깃이 몸판 목둘레선보다 짧으므로 몸판의 늘어지는 부분이 고르게 되도록 나눠서 맞춤 표시 사이를 고정한다.)

오버록

⑩ 목둘레선을 1바퀴 돌아가며 오버록한다. ⑧ 의 솔기와 오버록이 교차하도록 박는다(오른쪽 G 참고)

G 브이넥을 오버록한다

옷깃을 위로 오게 놓고 브이자 모서리부터 박기 시작한다. 옷감 가장자리를 3mm 정도 잘라내면서 박는다.

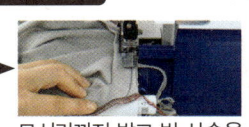

모서리까지 박고 빈 사슬을 10cm 정도 남긴다. 실을 처리한다(P.11-F).

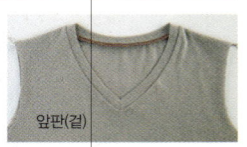

⑪ 목둘레선 시접을 다려서 몸판 쪽으로 넘기고 모양을 정리한다.

실물 크기 옷본 A면

옷감을 마름질하는 법
(M사이즈)

※실물 크기 옷본은 따로 시접을 둘 필요가 없다.

●은 옷본에 포함된 시접분이며 따로 지시가 없는 곳은 시접분 1cm 포함.
— 는 맞춤 표시로 약 3mm 가위집을 넣는다.

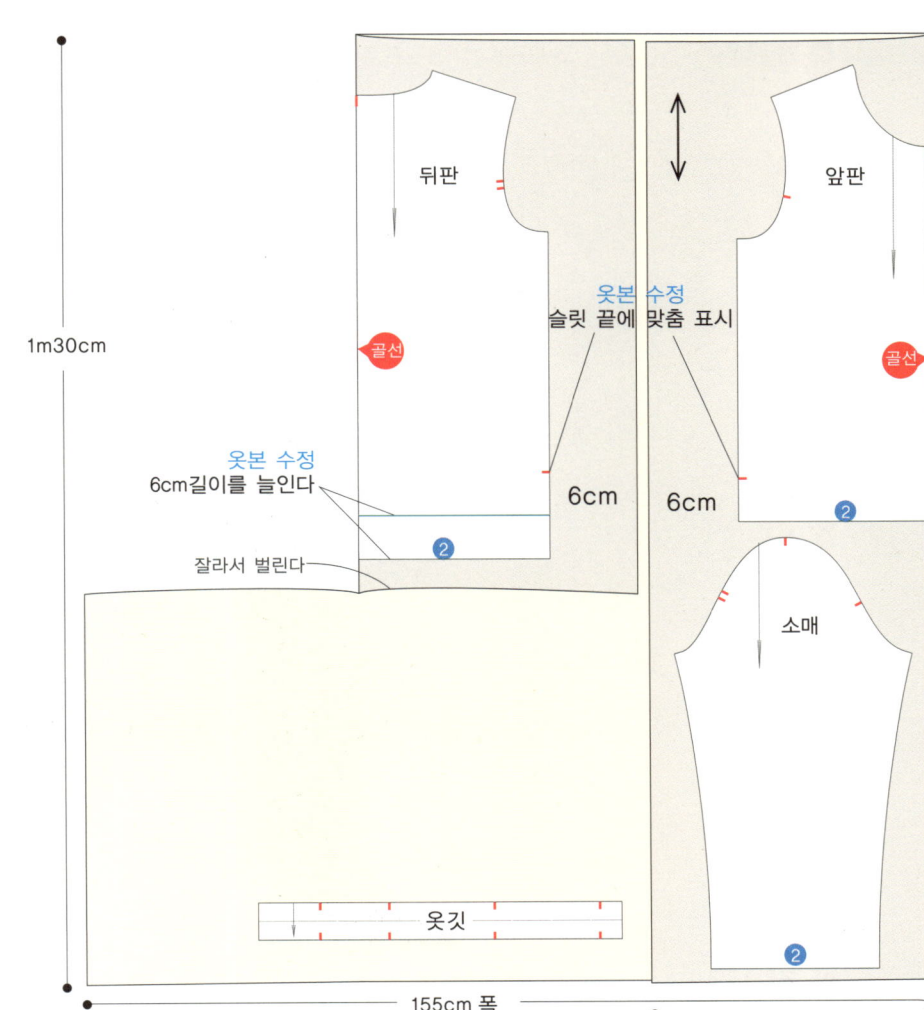

1m30cm

뒤판

앞판

옷본 수정
슬릿 끝에 맞춤 표시

골선

골선

옷본 수정
6cm길이를 늘인다

6cm

6cm

❷

❷

잘라서 벌린다

❷

소매

옷깃

155cm 폭

사이즈	완성 치수(cm)				옷감 필요량
	전체 길이	가슴둘레	어깨너비	소매 길이	155cm 폭
110	45	69	28	38.5	60cm
120	49	74	30	42	60cm
130	52.5	78.5	32	45.5	70cm
140	56	83	34	49	70cm
150	59.5	88	36	52.5	1m 20cm
S	61	93	38	54	1m 30cm
M	63	100	41	56	1m 30cm
L	65	107	43.5	57.5	1m 40cm
2L	66.5	114	47	59.5	1m 40cm
3L	68.5	121.5	49.5	61.6	1m 40cm

각 사이즈 공통 재료
· 늘어남 방지 테이프 9mm 폭 약 40cm

만드는 순서

1. 옷본을 수정하여 옷감을 마름질한다
   (옷감을 마름질하는 법)
2. 늘어남 방지 테이프를 붙인다 (P.9-2)
3. 소맷부리·밑단에 오버록하고 시접을 접는다 (P.9-3)
4. 어깨선을 박는다 (P.10-5)
5. 소매를 단다 (P.10-6)
6. 밑단을 박는다 (P.11-9)
7. 슬릿·소매 옆선·몸판 옆선을 박는다 (오른쪽)
8. 옷깃을 만들어서 몸판에 단다 (P.11-8)
9. 소맷부리를 박는다 (P.11-9)

---

7 | 슬릿·소매 옆선·몸판 옆선을 박는다

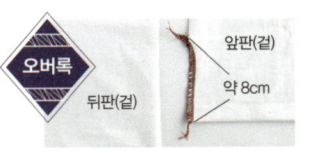

오버록

뒤판(겉)

앞판(겉)

약 8cm

① 앞판 슬릿 끝의 2cm 위에서부터 밑단까지 오버록한다(P.9-A).

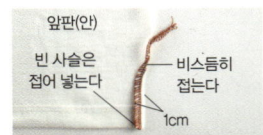

앞판(안)

빈 사슬은 접어 넣는다

비스듬히 접는다

1cm

② 슬릿 부분의 시접을 다려서 접는다. 슬릿 끝보다 위쪽은 비스듬히 접는다.

포인트

양 옆선에 슬릿이 있으니 옆선을 박기 전에 밑단을 박습니다. 슬릿이 있으면 옷을 입을 때 밑단 솔기가 늘어나서 실이 끊어질 염려가 적기 때문에 늘어나지 않는 재봉실로 직선박기하여 만들어도 괜찮습니다.

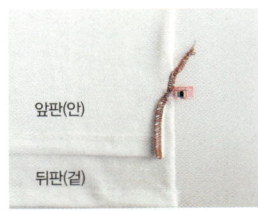

앞판(안)

뒤판(겉)

③ 앞판과 뒤판을 겉끼리 맞댄다.

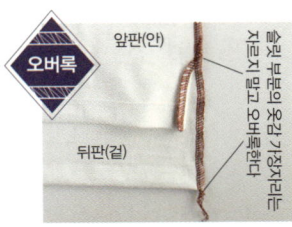

오버록

앞판(안)

뒤판(겉)

슬릿 부분의 옷감 가장자리는 자르지 말고 오버록한다

④ 소매 옆선에서부터 몸판 옆선, 밑단까지 오버록한다(P.10-7).

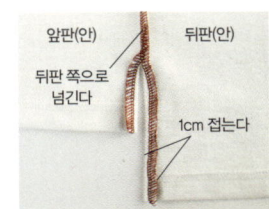

앞판(안)

뒤판(안)

뒤판 쪽으로 넘긴다

1cm 접는다

⑤ 옆선 시접을 뒤판 쪽으로 넘기고 뒤판 슬릿의 시접을 1cm 접는다.

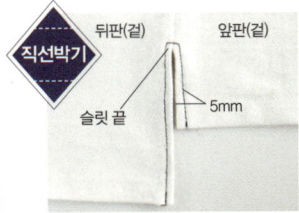

직선박기

뒤판(겉)

앞판(겉)

슬릿 끝

5mm

⑥ 직선박기한다. ※ 재봉실은 P.11-9 Ⅲ·Ⅳ에서 고른다.

바지를 만드는 것은 '옷감을 고르는 것'에서부터 시작됩니다.

비치지 않고, 구김이 잘 가지 않고,

다리에 너무 달라붙지 않는 것도 중요합니다.

입기 편하면서도 고급스러워 보이는 바지를 만들어 보세요.

5

| 스트레이트 팬츠 |

허리에 고무줄을 넣어서 입고 벗기 편
하고, 입으면 우아해 보이는 통 넓은
바지입니다. 힘이 있고 주름이 잘 지
지 않는 옷감인 분또로 만들어서 정
장 느낌을 줍니다. 주머니가 있는 것
도 마음에 들어요.

사 이 즈 | 110~3L
만드는 법 | P.23

사용한 옷감
레이온 믹스 분또 니트

추천 소재
분또, 쭈리, 골판지 니트 등 적당히 힘이 있
는 옷감이 좋습니다. 너무 얇으면 다리 모양
이 그대로 드러나므로 중간 두께의 부드러
운 옷감을 고릅니다.

6

| 반바지 |

5의 바지를 무릎 길이의 반바지로 변형했습니다. 쇼트팬츠보다 노출이 적기 때문에 편하게 입을 수 있습니다. 끈 끼우는 구멍을 바깥쪽으로 내면 캐주얼한 느낌이 되고 시접 쪽으로 내면 깔끔해 보여요. 취향에 따라 골라보세요.

사 이 즈 | 110~3L

만드는 법 | P.21

사용한 옷감
면 코르크 인레이(남색)

추천 소재
캐주얼한 느낌이 덜 나게 하려면 쭈리 등 두툼한 소재라도 표면이 매끄러운 옷감을 고릅니다. 아이용으로는 귀여운 무늬가 들어간 자카드 소재를 추천합니다.

실물 크기 옷본 B면

옷감을 마름질하는 법
(M사이즈)

※실물 크기 옷본은 따로 시접을 둘 필요가 없다.
● 은 옷감에 포함된 시접분이며
따로 지시가 없는 곳은 시접분 1cm 포함.

얇은 면

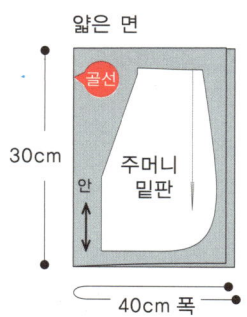

골선

30cm

주머니
밑판

안

40cm 폭

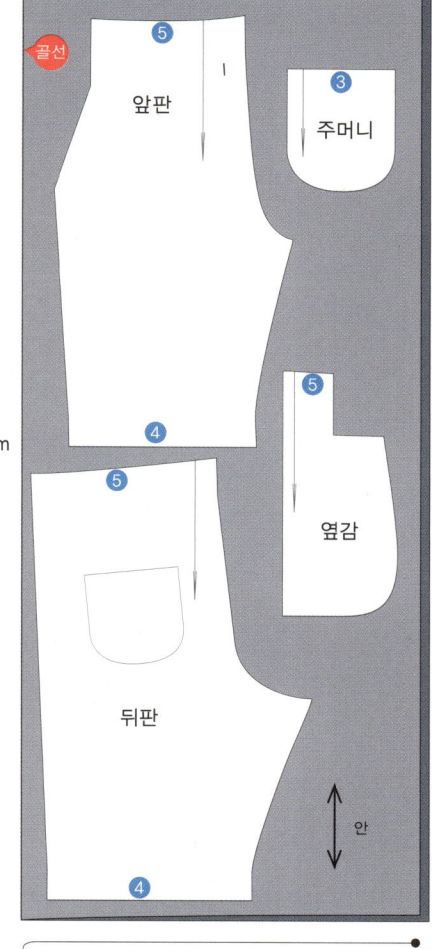

사이즈	완성 치수(cm)		옷감 필요량	납작 고무줄	납작 끈
	밑아래 길이	엉덩이둘레	110cm 폭	3cm 폭	8mm 폭
110	15	71.5	80cm	52cm	1m 38cm
120	16.5	77	90cm	54cm	1m 46cm
130	18.5	82	90cm	56cm	1m 57cm
140	20.5	87	1m 10cm	58cm	1m 66cm
150	23	91.5	1m 30cm	60cm	1m 76cm
S	24	97	1m 30cm	61cm	1m 85cm
M	24.5	104.5	1m 30cm	66cm	2m
L	25.5	111.5	1m 40cm	70cm	2m 14cm
2L	26.5	119	1m 40cm	75cm	2m 28cm
3L	27.5	126	1m 50cm	79cm	2m 42cm

각 사이즈 공통 재료
• 늘어남 방지 테이프 9mm 폭 약 40cm
• 접착심지 3×4cm 2장 • 얇은 면 40cm 폭 30cm

※ 납작 고무줄 길이는 기준입니다. 원하는 길이로 조절하세요.

포인트
• 앞판과 뒤판 옷본은 반바지 길이의 밑단선을 옮겨 그립니다.
• 옷감이 얇을 때는 주머니 밑판에 바지와 같은 옷감을 사용할 수 있습니다.

(도안 라벨: 골선, 앞판 ⑤, 주머니 ③, ④, ⑤, 옆감 ⑤, 뒤판 ④, 안, 1m30cm, 110cm 폭)

---

1 | 앞주머니를 만든다

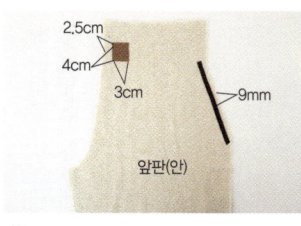

① 주머니 입구에는 늘어남 방지 테이프를, 끈 끼우는 구멍 위치 안쪽에는 접착심지를 붙인다.

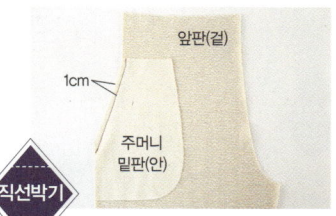

◆직선박기

② 앞판과 주머니 밑판을 겉끼리 맞대고 주머니 입구를 직선박기한다. ※ 재봉실은 P.11-9 Ⅲ·Ⅳ에서 고른다(이하 같음).

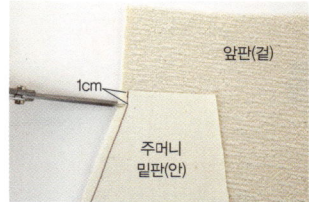

③ 모서리에 가위집을 넣는다. 솔기 1mm 앞까지 자른다.

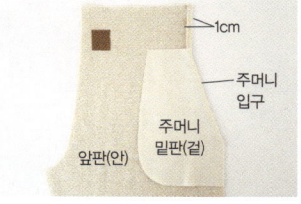

④ 주머니 밑판을 안쪽으로 넘긴다. 주머니 입구에서부터 위 끝 선까지 시접을 접고 다려서 정리한다.

◆직선박기

⑤ 주머니 입구에 직선박기를 2줄 한다.

⑥ 주머니 밑판과 옆감을 겉끼리 맞대고 시침 클립으로 고정한다.

◆오버록

⑦ 옆감을 위로 오게 놓고 오버록하여 잇는다(P.10-B).

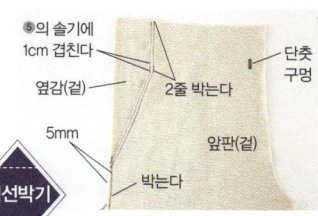

◆직선박기

⑧ 주머니 입구의 위와 아래를 직선박기한다. 끈 끼우는 구멍의 단춧구멍을 재봉틀로 박아서 만든다.

2 | 뒷주머니를 만들어서 바지 뒤판에 단다

오버록

① 주머니 입구에 오버록한다
(P.9-A).

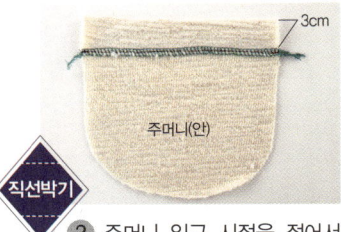

직선박기

② 주머니 입구 시접을 접어서
오버록한 위를 직선박기한다.

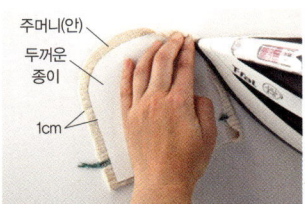

③ 시접을 1cm 접는다. 주머니 옷본
에서 시접분을 자른 모양을 두꺼
운 종이에 그려서 사용하면 편하
게 접을 수 있다.

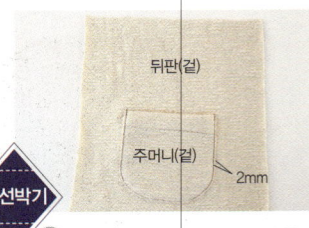

직선박기

④ 바지 뒤판에 주머니를 겹치고
직선박기한다.
※ 표시하는 법은 P.9-4.

---

3 | 허리선과 밑단 시접을 접는다

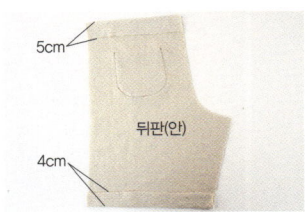

① 뒤판 허리선을 5cm, 밑단을
4cm 다려서 접는다. 앞판도 같
다.

4 | 옆선과 밑아래를 박는다

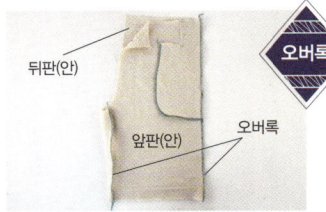

오버록

앞판과 뒤판을 겉끼리 맞대고 옆
선과 밑아래를 오버록하여 잇는다
(P.10-B). 바지 왼쪽도 같다.

5 | 밑위를 박는다

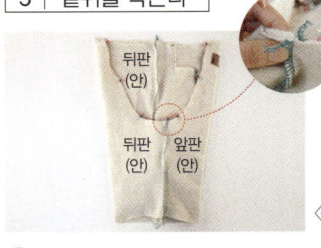

① 한쪽 다리를 겉으로 뒤집어서 바
지 좌우를 겉끼리 맞대고 시침
클립으로 고정한다. 밑위 시접은
서로 엇갈리게 넘긴다.

오버록

② 밑위를 오버록한다.
(P.10-B·D, P.43-I)

---

6 | 허리선과 밑단 가장자리를 처리한다

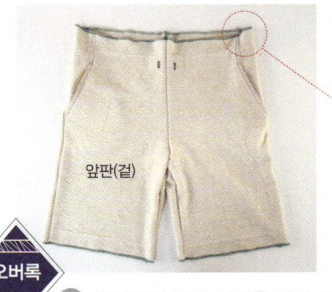

3의 접음선에서 시접을 비틀어서 서로
엇갈리게 넘긴다. 어느 쪽으로 넘겨도
된다. 밑위 솔기와 밑단도 같다.

오버록

① 허리선과 밑단 시접을 각각 1장씩 오버록한다(P.9-A).
※ P.23-9에서 커버스티치를 선택할 때는 밑단에 오버록하지 않는다.

7 | 허리에 납작 고무줄을 단다

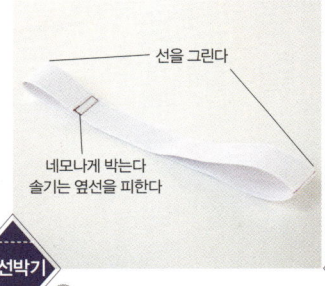

직선박기

① 납작 고무줄 끝을 1.5cm 겹
쳐서 박고, 반으로 접어서 양
끝에 선(옆선)을 표시한다.

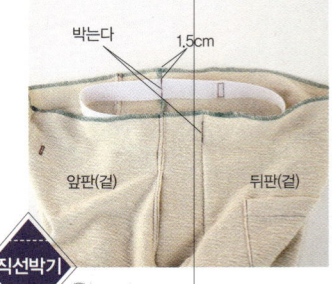

직선박기

② 납작 고무줄에 한 옆선 표시
와 바지 옆선을 맞추고 바지
겉쪽에서 솔기에 숨겨박기
한다.

---

8 | 허리선을 박는다

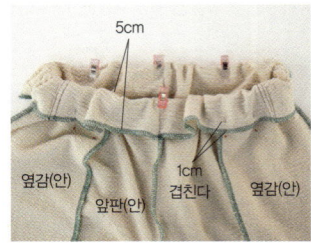

① 3의 접음선과 납작 고무줄 가장
자리를 맞춰서 시접을 접고 시침
클립으로 고정한다. 옆감 부분은
시접을 1cm 겹쳐서 시침핀으로
고정한다.

직선박기

① 바지를 겉으로 뒤집어서 재
봉틀에 왼쪽 옆선의 허리선
부분을 놓는다.

② 왼쪽 옆선에서부터 오버록한 위를 박는다. 납작 고무줄이 바지보다 짧으므
로, 박지 않는 부분에 15cm 정도 평평한 부분을 만들어서 박는다. 납작 고무
줄을 끌어내서 다시 15cm 정도 평평한 부분을 만들어서 박는 과정을 되풀이
하며 1바퀴 박는다.

9 | 밑단을 박는다

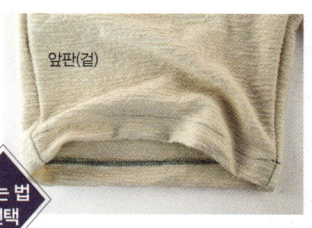

앞판(겉)

박는 법 선택

밑아래에서부터 오버록한 위를 직선박기하거나 커버스티치 재봉틀로 박는다(P.11-9).

10 | 끈을 끼운다

앞판(겉)

끈 끼우는 구멍으로 끈을 끼워서 끝을 묶는다.

완성

앞   뒤

P.19 | **5** | 스트레이트 팬츠 만드는 법

실물 크기 옷본 B면

사이즈	완성 치수(cm)		옷감 필요량 140cm 폭	납작 고무줄 3cm 폭
	밑아래 길이	엉덩이둘레		
110	44	71.5	90cm	52cm
120	49	77	1m	54cm
130	54	82	1m	56cm
140	60	87	1m20cm	58cm
150	65	91.5	1m30cm	60cm
S	68	97	1m40cm	61cm
M	70	104.5	1m50cm	66cm
L	72.5	111.5	2m10cm	70cm
2L	74.5	119	2m30cm	75cm
3L	77	126	2m40cm	79cm

각 사이즈 공통 재료
· 늘어남 방지 테이프 9mm 폭 약 40cm

※ 납작 고무줄 길이는 기준입니다. 원하는 길이로 조절하세요.

옷감을 마름질하는 법
(M사이즈)

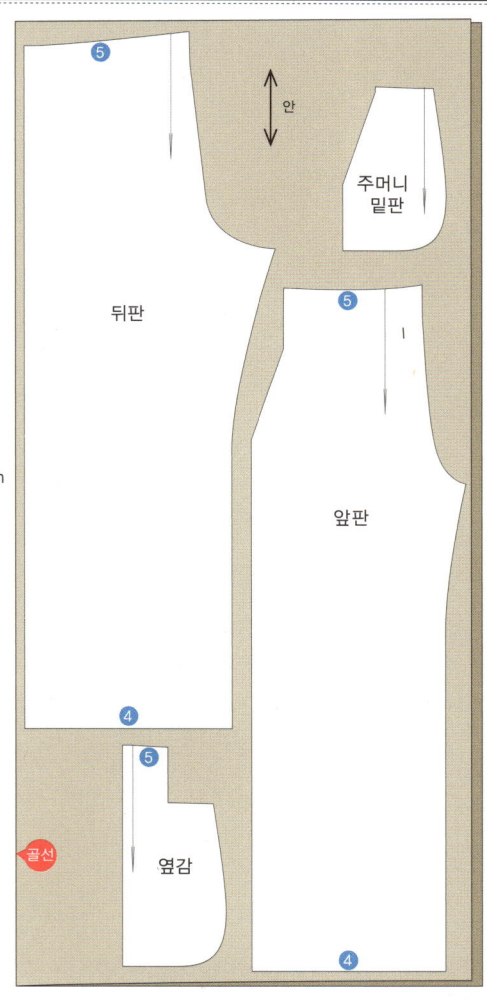

안

주머니 밑판

뒤판

앞판

1m50cm

골선

옆감

140cm 폭

※실물 크기 옷본은 따로 시접을 둘 필요가 없다.
● 은 옷본에 포함된 시접분이며 따로 지시가 없는 곳은 시접분 1cm 포함.

포인트
· 앞판과 뒤판 옷본은 긴 길이의 밑단선을 옮겨 그립니다.
· 깔끔한 스타일로 만들기 위해 허리의 끈과 끈 끼우는 구멍을 없앴습니다. 취향대로 수정해도 좋습니다.
· 옷감이 두꺼울 때는 주머니 밑판에 얇은 면을 사용합니다.

만드는 순서

1. 옷감을 마름질한다 (옷감을 마름질하는 법)
2. 앞주머니를 만든다 (P.21-1)
3. 허리선과 밑단의 시접을 접는다 (P.22-3)
4. 옆선과 밑아래를 박는다 (P.22-4)
5. 밑위를 박는다 (P.22-5)
6. 허리선과 밑단의 가장자리를 처리한다 (P.22-6)
7. 허리에 납작 고무줄을 단다 (P.22-7)
8. 허리선을 박는다 (P.22-8)
9. 밑단을 박는다 (P.23-9)

"이것도 직접 만들었어?!"

주위 사람들이 특히나 많이 놀라는 옷이 후드 티셔츠입니다.

티셔츠를 만들어 본 경험이 있더라도 왠지 후드 달기가 어려울 것 같아 도전하기 힘든 아이템이지요.

하지만 직접 해보면 의외로 후드 다는 과정이 옷깃을 만들어 다는 것보다 쉬워서 놀랄 정도입니다.

다 만들고 나면 옷의 완성도가 높아 만족감도 커집니다.

| 래글런 후드 티셔츠 ① |

티셔츠 한 벌만 입어도 좋고 레이어드
도 즐길 수 있는 풀오버 타입의 후드
티셔츠입니다. 래글런 소매라서 박음
질하기도 쉽고, 입었을 때 팔의 움직
임도 편합니다. 조금 큼직한 스타일로
만들면 여성스럽고 여유 있는 분위기
를 냅니다.

사 이 즈 | 110~3L

만드는 법 | P.26

사용한 옷감
두꺼운 면 기모 쭈리, 시보리(면 20 스판 후
라이스 민무늬)

추천 소재
가을이나 겨울에는 쭈리나 기모 등 두께 있
는 옷감으로 만들면 따뜻하게 입을 수 있습
니다. 봄이나 여름에는 평직 니트나 양면 니
트 등으로 가벼운 느낌이 나게 만드세요.

실물 크기 옷본 B면

※실물 크기 옷본은 따로 시접을 둘 필요가 없다.
● 은 옷본에 포함된 시접분이며 따로 지시가 없는 곳은 시접분 1cm 포함.
— 는 맞춤 표시로 약 3mm 가위집을 넣는다.

옷감을 마름질하는 법 (M사이즈)

사이즈	완성 치수(cm)			옷감 필요량
	전체 길이	가슴둘레	뒤목점~소매 끝 길이	180cm 폭
110	47.5	74.5	57	90cm
120	51.5	79.5	61.5	1m
130	55	84.5	66	1m10cm
140	59	90	70.5	1m30cm
150	63	95	74.5	1m40cm
S	64.5	100	77.5	1m50cm
M	66.5	108	80.5	1m50cm
L	68.5	115.5	83.5	2m10cm
2L	70.5	123	86.5	2m20cm
3L	72.5	131	89.5	2m20cm

각 사이즈 공통 재료
• 시보리 50cm W 폭 50cm
• 늘어남 방지 테이프 9mm 폭 약 40cm

시보리

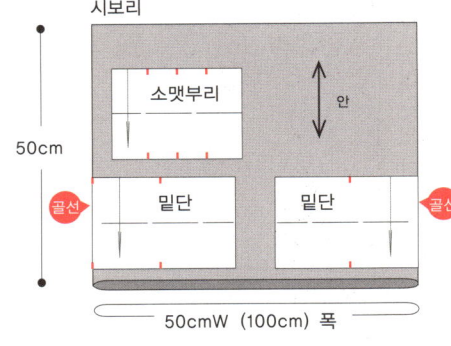

포인트

소맷부리와 밑단은 시보리를 사용합니다. 색이 맞는 시보리가 없을 때는 겉감과 같은 옷감을 사용해도 되지만, 시보리를 사용해야 잘 늘어나서 바느질하기 쉽습니다.

---

1 | 주머니를 만든다

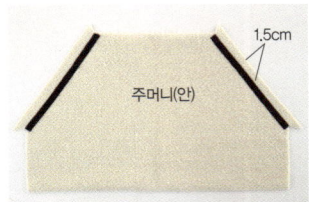

① 주머니 입구에 늘어남 방지 테이프를 붙인다.

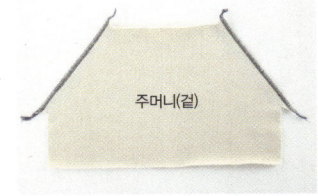

② 주머니 입구 시접에 오버록한다 (P.9-A). ※ ③ 에서 커버스티치를 선택할 때는 오버록하지 않는다.

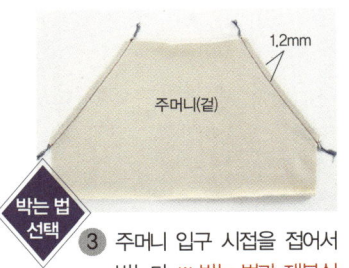

③ 주머니 입구 시접을 접어서 박는다. ※ 박는 법과 재봉실은 P.11-9 I · III · IV에서 고른다(이하 같음).

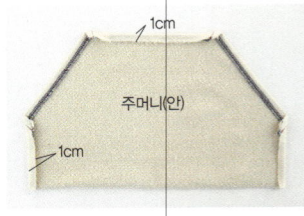

④ 위와 옆쪽 시접을 접는다.

2 | 주머니를 앞판에 단다

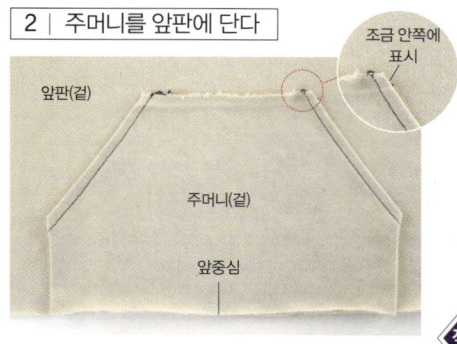

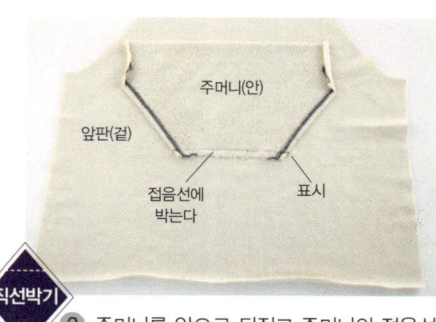

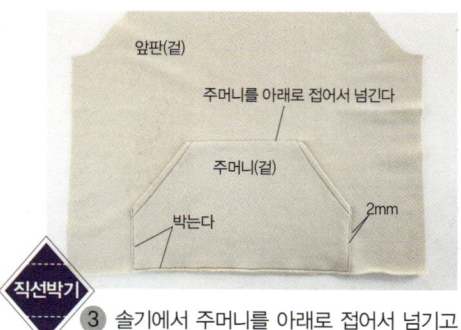

① 앞중심과 주머니 중심을 맞추고 주머니의 위쪽 모서리를 표시한다.

② 주머니를 안으로 뒤집고 주머니의 접음선이 표시한 곳보다 1mm 위에 오도록 겹쳐서 접음선에 직선박기한다.

③ 솔기에서 주머니를 아래로 접어서 넘기고 옆과 아래를 계속해서 직선박기한다.

3 | 몸판과 소매를 잇는다

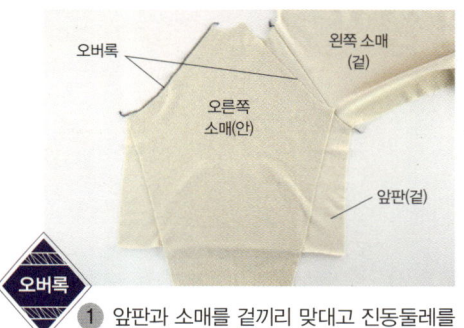

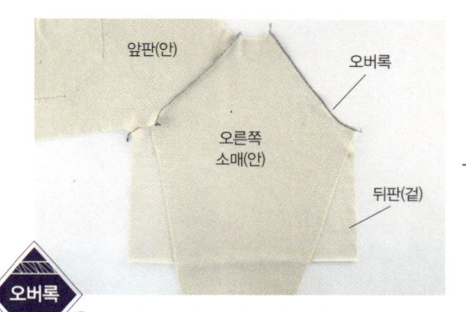

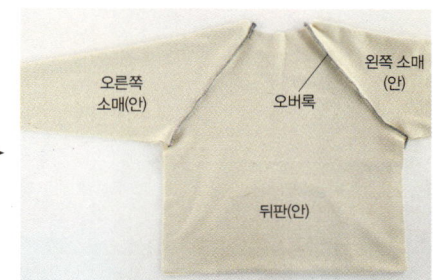

① 앞판과 소매를 겉끼리 맞대고 진동둘레를 오버록하여 잇는다(P.10─B·C).

② 뒤판과 소매를 겉끼리 맞대고 진동둘레를 오버록하여 잇는다(P.10─B·C).

왼쪽 소매도 같은 방법으로 잇는다.

4 | 소매 옆선에서부터 몸판 옆선까지 박는다

앞판과 뒤판을 겉끼리 맞대고 겨드랑이 부분은 시접을 서로 엇갈리게 넘긴다. 소매 옆선에서부터 몸판 옆선까지 오버록한다(P.10─B·C).

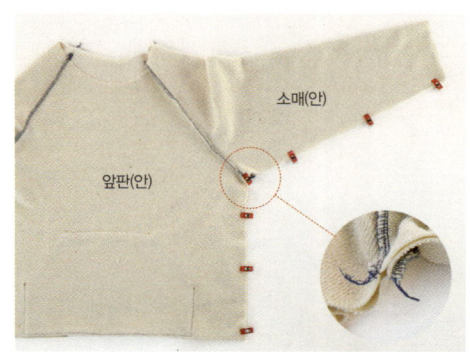

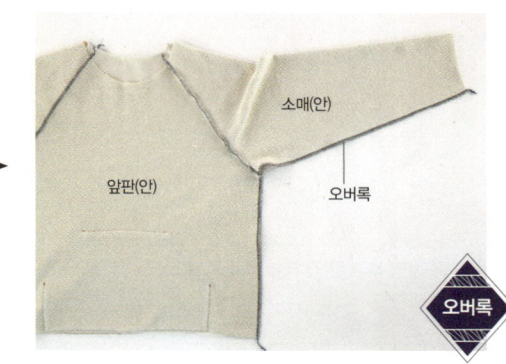

5 | 후드를 만든다

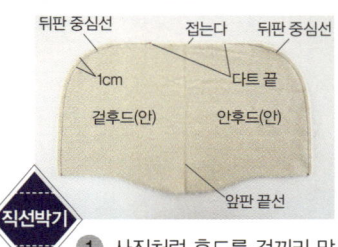

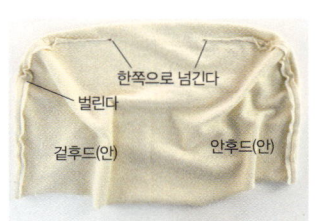

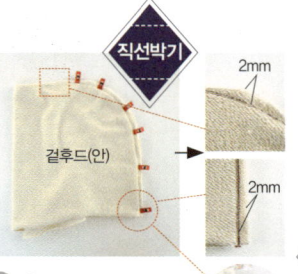

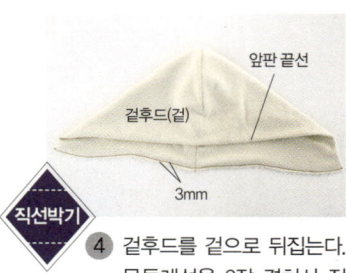

① 사진처럼 후드를 겉끼리 맞닿게 접고, 뒤판 중심선에서부터 다트 끝까지 직선박기한다.

② 뒤판 중심선의 시접을 벌린다. 다트 끝 근처의 잘 벌어지지 않는 곳은 한쪽으로 넘겨서 다린다.

③ **②**에서 벌린 시접이 서로 마주 보도록 접어서 시침 클립으로 고정하고, 솔기의 2mm 바깥쪽을 직선박기한다.

④ 겉후드를 겉으로 뒤집는다. 목둘레선을 2장 겹쳐서 직선박기한다.

6 │ 소맷부리를 만들어서 소매에 단다

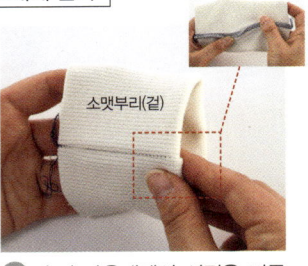

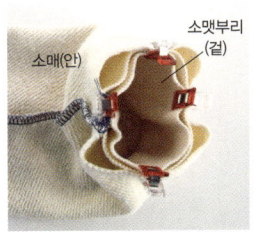

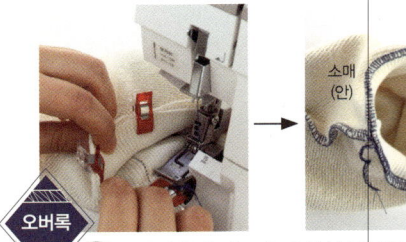

오버록
① 소맷부리를 걸끼리 맞닿게 세로로 반 접어서 오버록한다(P.10-B).

② 솔기 가운데에서 시접을 비틀어서 서로 엇갈리도록 하여 소맷부리를 반으로 접는다.

③ 소매에 소맷부리를 겹치고 맞춤 표시를 시침 클립으로 고정한다.

오버록
④ 노루발을 올리고 소매 옆선 부분을 끼운다. 소맷부리가 소매보다 짧으므로 같은 길이가 되도록 소맷부리를 늘이면서 오버록한다. 실을 처리한다(P.11-E·F).

7 │ 밑단을 만들어서 몸판에 단다

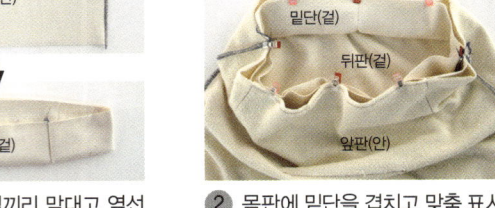

오버록
① 밑단을 걸끼리 맞대고 옆선을 오버록한다(P.10-B). 6의 ② 와 같은 방법으로 반 접는다.

② 몸판에 밑단을 겹치고 맞춤 표시를 시침 클립으로 고정한다. 맞춤 표시 사이도 시침 클립으로 고정한다.

오버록
③ 노루발을 올리고 왼쪽 옆선 부분을 끼운다. 밑단이 몸판보다 짧으므로 같은 길이가 되도록 밑단을 늘이면서 오버록한다(P.11-E). 실을 처리한다(P.11-F).

8 │ 몸판에 후드를 단다

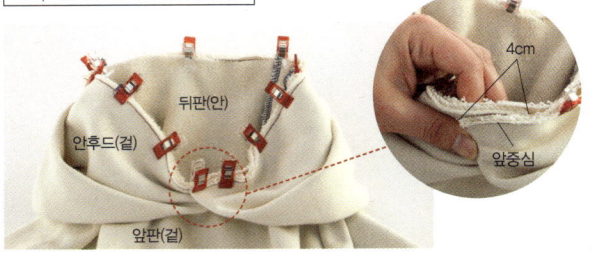

③ 몸판에 후드를 겹치고 앞중심에서 4㎝ 겹쳐서 시침 클립으로 고정한다.

오버록
③ 노루발을 올리고 왼쪽 어깨선 부분을 끼운다. 목둘레는 늘이지 않고 오버록한다(P.10-B·C). 실을 처리한다(P.11-F).

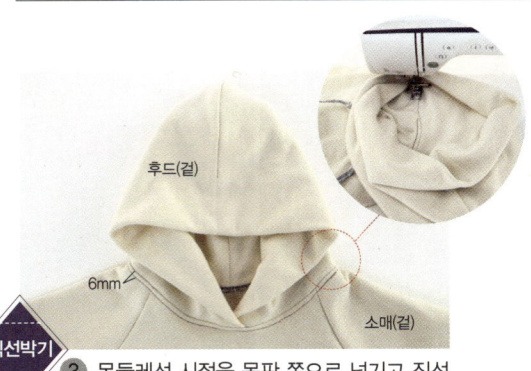

직선박기
③ 목둘레선 시접을 몸판 쪽으로 넘기고 직선박기한다. ※ 이 박음질은 하지 않아도 괜찮다. 목둘레선 솔기 위를 커버스티치 재봉틀로 박아도 좋다.

완성

앞

뒤

8

| 래글런 후드 티셔츠 ② |

7과 같은 모양이지만 본딩 소재를 사용하여 실루엣에 더욱 힘이 생기고 따뜻하게 입을 수 있습니다. 시보리는 몸판과 같은 감으로 만들었습니다. 오똑 선 작은 후드에 아일릿을 박아서 악센트를 주었습니다.

| 사 이 즈 | 110~3L |
| 만드는 법 | P.30 |

사용한 옷감
폴리에스테르/레이온 본딩 니트

추천 소재
소맷부리와 밑단에는 몸판과 같은 옷감을 써도 좋고 잘 늘어나는 시판 시보리를 사용해도 좋습니다.

실물 크기 옷본 B면

사이즈	완성 치수(cm)			옷감 필요량
	전체 길이	가슴둘레	뒤목점~소매 끝 길이	145cm 폭
110	47.5	74.5	57	1m50cm
120	51.5	79.5	61.5	1m50cm
130	55	84.5	66	1m60cm
140	59	90	70.5	1m70cm
150	63	95	74.5	1m90cm
S	64.5	100	77.5	2m
M	66.5	108	80.5	2m
L	68.5	115.5	83.5	2m10cm
2L	70.5	123	86.5	2m20cm
3L	72.5	131	89.5	2m40cm

각 사이즈 공통 재료
- 늘어남 방지 테이프 9mm 폭 약 40cm
- 아일릿 8mm 2쌍

포인트
- 밑단과 소맷부리는 몸판과 같은 옷감을 사용했습니다.
- 후드에 장식용 아일릿을 박았습니다.

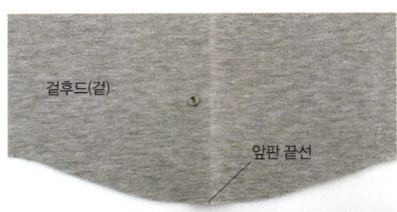

겉후드(겉)

앞판 끝선

박기 시작하기 전에 겉후드 쪽에 아일릿을 박는다.

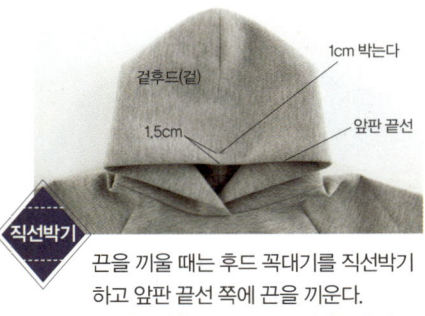

겉후드(겉)

1cm 박는다

1.5cm

앞판 끝선

직선박기

끈을 끼울 때는 후드 꼭대기를 직선박기 하고 앞판 끝선 쪽에 끈을 끼운다.

※ 재봉실은 P.11-9 Ⅲ·Ⅳ에서 고른다.

옷감을 마름질하는 법
(M사이즈)

※실물 크기 옷본은 따로 시접을 둘 필요가 없다.
● 은 옷본에 포함된 시접분이며 따로 지시가 없는 곳은 시접분 1cm 포함.
— 는 맞춤 표시로 약 3mm 가위집을 넣는다.

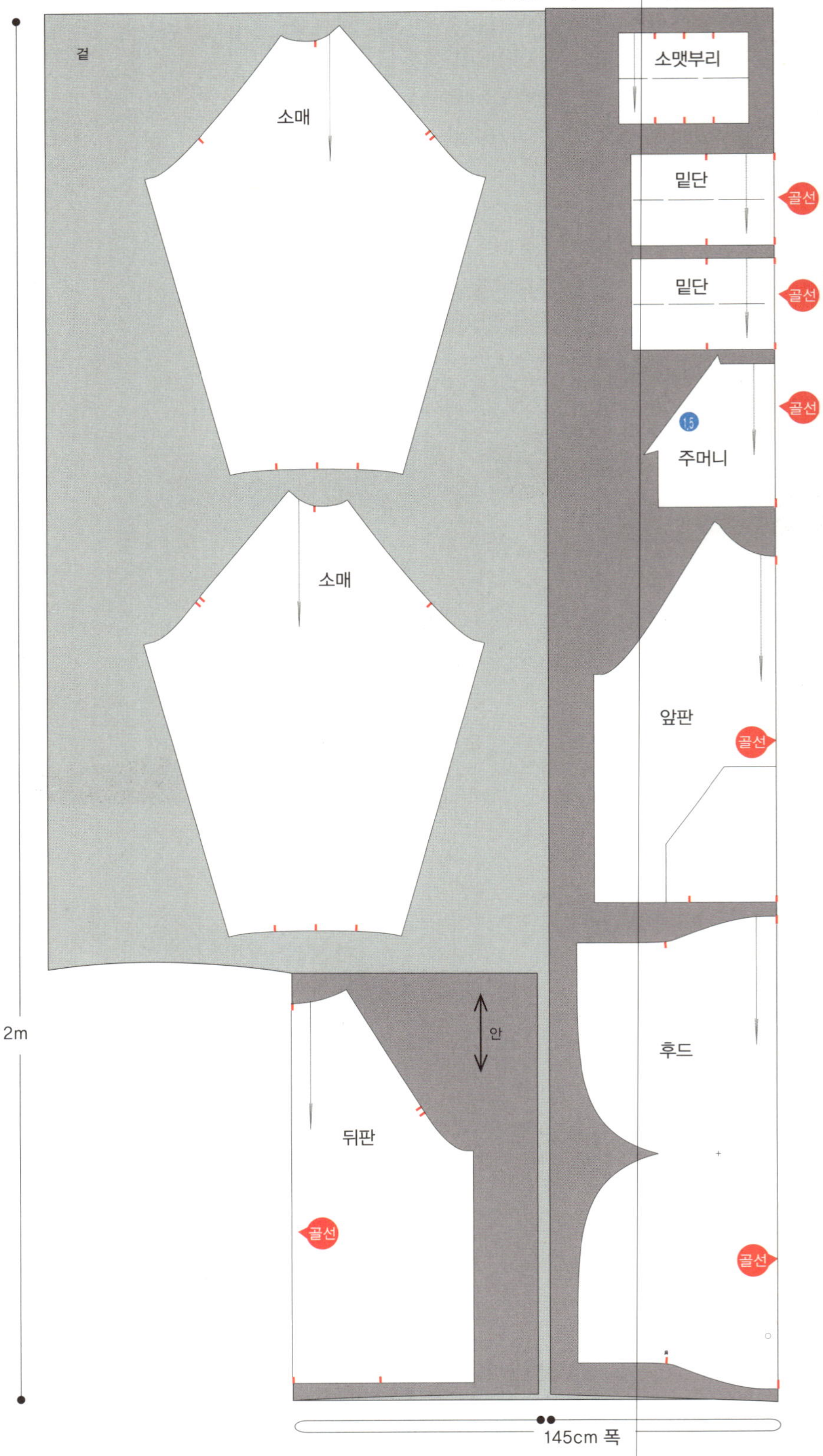

겉

소매

소매

2m

뒤판

안

소맷부리

밑단 골선

밑단 골선

골선

주머니 15

앞판 골선

후드 골선

골선

145cm 폭

만드는 순서

P.26～28 참조 (P.28 8-3 목둘레선에 직선박기는 하지 않는다)

9

| 후드 원피스 |

7·8 후드 티셔츠를 종아리까지 오는 길이의 원피스로 변형했습니다. 기모 니트 소재는 보온 효과도 있고 촉감도 부드럽지요. 바지나 레깅스를 받쳐 입어서 캐주얼 스타일로 완성해 보세요.

| 사 이 즈 | 110~3L ➤
| 만드는 법 | P.32 ➤

▶ **사용한 옷감**
겉면·안울 기모 니트

▶ **추천 소재**
쭈리, 양면, 평직 니트 등 중간 두께 니트 소재. 기모 옷감이나 울 혼방 옷감으로 만들면 더 따스하게 입을 수 있습니다.

실물 크기 옷본 B면

사이즈	완성 치수(cm)			옷감 필요량	변형 치수
	전체 길이	가슴둘레	뒤목점~ 소매 끝 길이	140㎝ 폭	◆
110	69	74.5	57	1m30cm	27.5
120	75.5	79.5	61.5	1m40cm	30.5
130	81.5	84.5	66	1m50cm	32.5
140	88	90	70.5	1m70cm	35
150	94.5	95	74.5	2m20cm	37.5
S	97	100	77.5	2m30cm	38.5
M	100.5	108	80.5	2m50cm	40
L	103.5	115.5	83.5	2m60cm	41
2L	107	123	86.5	2m70cm	42.5
3L	110	131	89.5	2m80cm	43.5

각 사이즈 공통 재료
- 늘어남 방지 테이프 9㎜ 폭 약 40㎝

포인트

소맷부리는 몸판과 같은 옷감을 사용했습니다.

만드는 순서

1. 옷본을 수정하여 옷감을 마름질한다
   (옷감을 마름질하는 법)

2. 옆주머니를 만든다 (P.33)
   몸판과 소매를 잇는다 (P.27-3)
   소매 옆선에서부터 몸판 옆선까지
   박는다 (P.27-4)

3. 후드를 만든다 (P.27-5)

4. 소맷부리를 만들어서 소매에 단다
   (P.28-6)

5. 몸판에 후드를 단다 (P.28-8)

6. 밑단을 박는다 (P.33)

옷감을 마름질하는 법
(M사이즈)

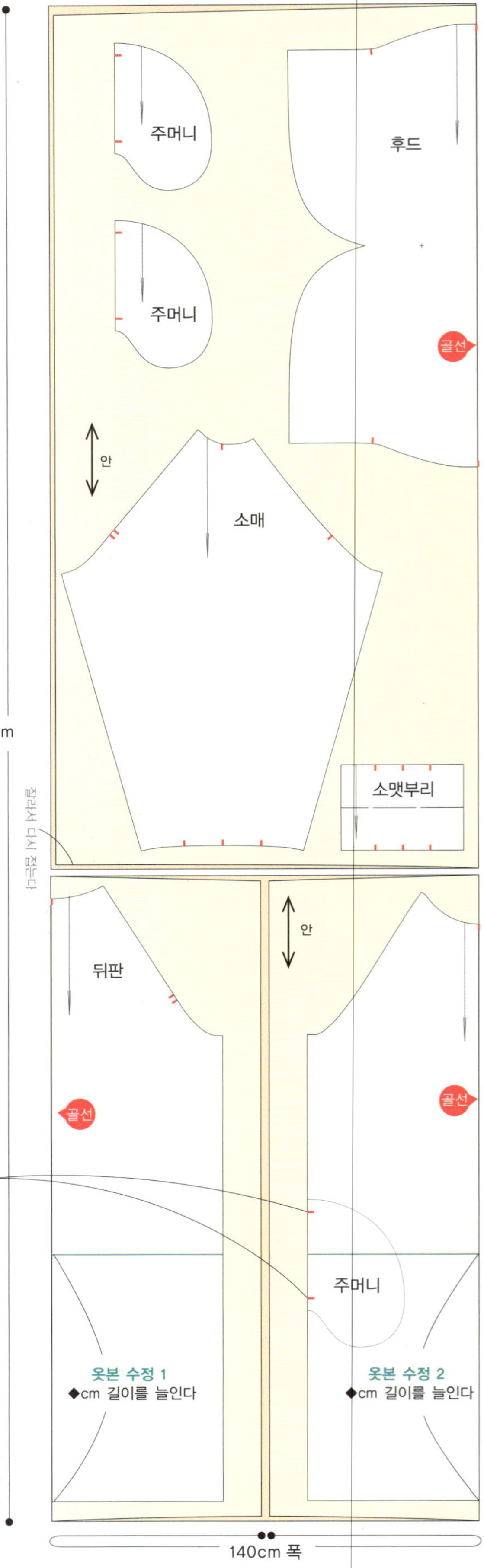

주머니

후드

골선

안

소매

2m50cm

겹쳐서 다시 접는다

소맷부리

뒤판

안

골선

골선

옷본 수정 3
주머니 옷본을 겹치고
옷본의 밑단선과
주머니 입구의 가운데를
맞춰서 주머니 입구의
맞춤 표시를 옮겨 그린다

주머니

옷본 수정 1
◆cm 길이를 늘인다

옷본 수정 2
◆cm 길이를 늘인다

※실물 크기 옷본은 따로 시접을 둘 필요가 없다.
🔵 은 옷본에 포함된 시접분이며 따로 지시가 없는 곳은 시접분 1㎝ 포함.
── 는 맞춤 표시로 약 3mm 가위집을 넣는다.

140cm 폭

2 | 옆주머니를 만든다

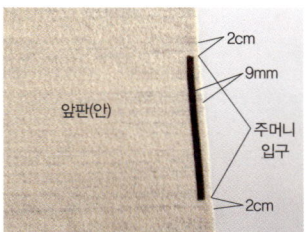

① 주머니 입구보다 위아래로 2cm 씩 길게 늘어남 방지 테이프를 붙인다.

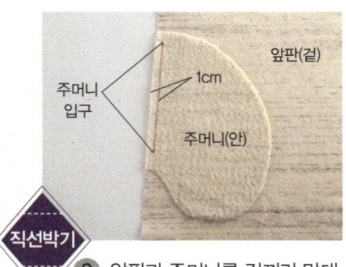

직선박기

② 앞판과 주머니를 겉끼리 맞대고 주머니 입구를 직선박기한다. ※ 재봉실은 P.11-9 Ⅲ·Ⅳ 에서 고른다(이하 같음).

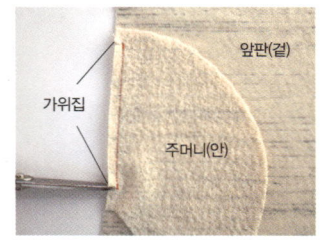

③ 주머니 입구 시접에 가위집을 넣는다. 주머니와 앞판 2장을 겹친 채로 한꺼번에 작업한다.

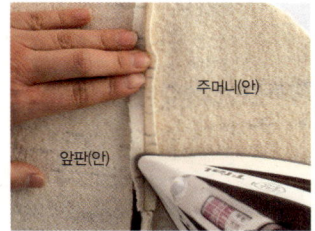

④ 주머니 입구 시접을 벌린다.

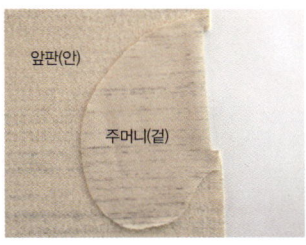

⑤ 주머니를 앞판 안쪽으로 넘기고 솔기에서 접는다.

직선박기

⑥ 주머니 입구를 직선박기한다.

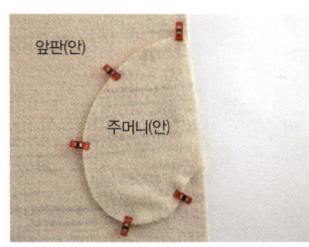

⑦ 주머니와 나머지 주머니 1장을 겉끼리 맞대고 시침 클립으로 고정한다.

오버록

⑧ 주머니 2장을 오버록하여 잇는다(P.10-B). P.27-3을 참조하여 소매를 단다.

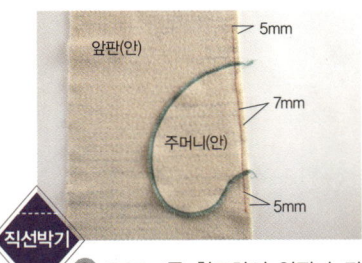

직선박기

⑨ P.27-4를 참조하여 앞판과 뒤판을 겉끼리 맞대고 주머니의 위아래 5cm 바깥까지 직선박기한다.

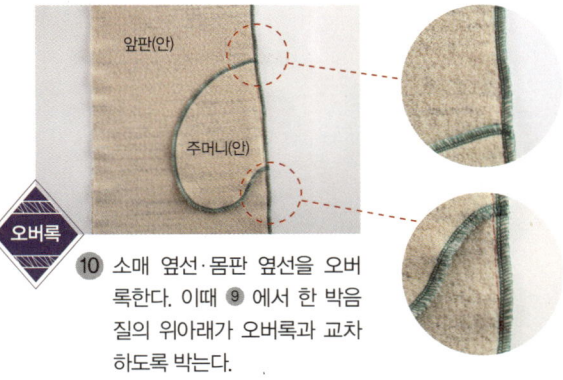

오버록

⑩ 소매 옆선·몸판 옆선을 오버록한다. 이때 ⑨ 에서 한 박음질의 위아래가 오버록과 교차하도록 박는다.

⑪ 주머니가 있는 부분은 옆선 시접을 다려서 뒤판 쪽으로 넘긴다.

6 | 밑단을 박는다

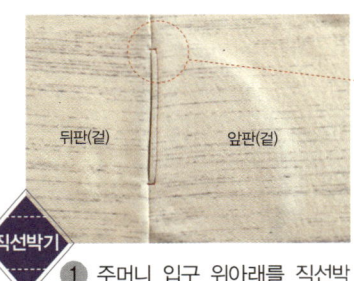

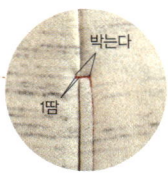

직선박기

① 주머니 입구 위아래를 직선박기로 몇 번 되박음질해 준다. 1땀이 뒤판에 걸리도록 박는다.

오버록

① 밑단에 오버록한다(P.9-A).
※ 오른쪽 ② 에서 커버스티치를 선택할 때는 오버록하지 않는다.

박는 법 선택

② 시접을 3cm 접어서 오버록 위를 박는다. ※ 박는 법과 재봉실은 P.11-9 Ⅰ~Ⅲ에서 고른다.

잠옷이나 실내복 이미지가 강했던 스웨트 팬츠.

요즘은 오히려 차려 입을 때 스웨트 팬츠를 고르면

트렌드에 뒤지지 않는 느낌을 주는 인기 아이템이 되었습니다.

핏에만 조금 신경을 쓰면 됩니다.

외출할 때 슬림한 스타일의 스웨트 팬츠를 추천합니다.

다리가 예뻐 보이는 디자인이지요.

10

| 슬림 팬츠 |

엉덩이 둘레는 넉넉하면서도 바짓단
으로 갈수록 점점 가늘어지는 슬림 팬
츠. 허리가 좀 굵거나 다리 모양이 별
로 예쁘지 않아도 날씬하게 보이는 디
자인입니다. 어떤 구두나 상의와 조
합하느냐에 따라서 캐주얼하면서도
예쁘게 입을 수 있습니다.

사 이 즈 | 110~3L

만드는 법 | P.36

사용한 옷감
기모 면 파일 니트

추천 소재
쭈리나 골판지 니트 등 어느 정도 두께가 있
는 옷감을 고르면 실루엣이 깔끔하게 떨어
집니다. 직접 피부에 닿으니 옷감 안쪽 면이
부드러운 소재를 고르는 게 좋습니다.

실물 크기 옷본 A면

사이즈	완성 치수(cm)		옷감 필요량	납작 고무줄
	밑아래 길이	엉덩이둘레	90cm 폭	3cm 폭
110	44	65.5	1m10cm	52cm
120	49	69.5	1m30cm	54cm
130	54	74.5	1m60cm	56cm
140	60	79	1m80cm	58cm
150	65	84	1m90cm	60cm
S	68.5	88	2m10cm	61cm
M	71	95	2m10cm	66cm
L	73	101.5	2m20cm	70cm
2L	75.5	108.5	2m30cm	75cm
3L	77.5	115	2m40cm	79cm

각 사이즈 공통 재료
• 늘어남 방지 테이프 9mm 폭 약 40cm

※ 납작 고무줄 길이는 기준입니다. 원하는 길이로 조절하세요.

포인트
• 허릿단에 시보리를 사용할 수도 있습니다.
• 폭이 좁은 바지라서 밑아래가 쉽게 뜯어질 수 있어 단단하게 하기 위해 덧댐천을 댔습니다.
• 슬림 팬츠는 취향에 따라 밑단 폭을 조절하면 더욱 마음에 드는 바지가 됩니다. 옷본 조절 방법은 P.63 참조.
• 3L의 허릿단은 옷감 폭에 다 들어가지 않으므로 오른쪽 옆선에서 잇습니다.

옷감을 마름질하는 법
(M사이즈)

※실물 크기 옷본은 따로 시접을 둘 필요가 없다.
● 은 옷본에 포함된 시접분이며 따로 지시가 없는 곳은 시접분 1cm 포함.
— 는 맞춤 표시로 약 3mm 가위집을 넣는다.

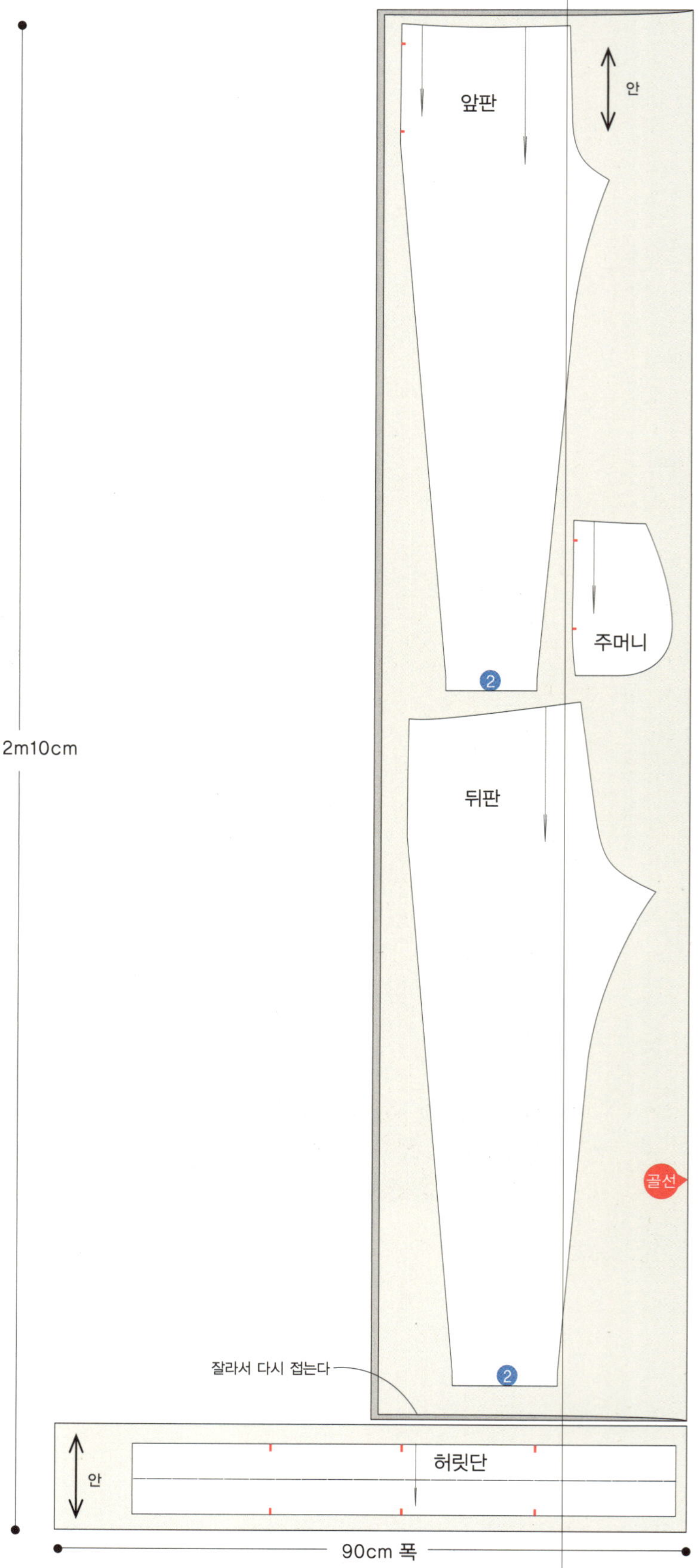

앞판

안

주머니

2

뒤판

2m10cm

골선

잘라서 다시 접는다

2

안

허릿단

90cm 폭

1 | 앞주머니를 만든다

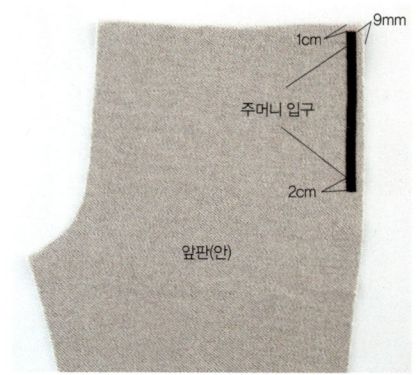

9mm
1cm
주머니 입구
2cm
앞판(안)

① 주머니 입구에 늘어남 방지 테이프를 붙인다.

주머니 입구
4~5cm
앞판(겉)

오버록

② 위쪽 끝에서부터 주머니 입구의 4~5cm 아래까지 오버록한다(P.9-A).

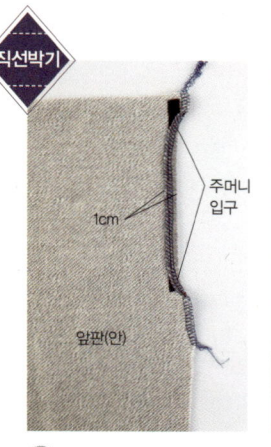 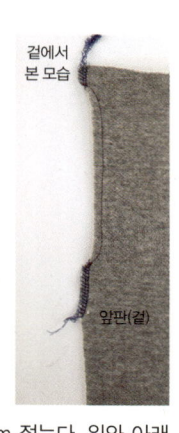

직선박기

1cm
주머니 입구
겉에서 본 모습
앞판(안)
앞판(겉)

③ 주머니 입구 시접을 1cm 접는다. 위와 아래는 비스듬히 접는다. 오버록한 위를 직선박기한다. ※ 재봉실은 P.11-9 Ⅲ·Ⅳ에서 고른다 (이하 같음).

주머니(겉)

오버록

④ 주머니 가장자리를 오버록한다(P.9-A).

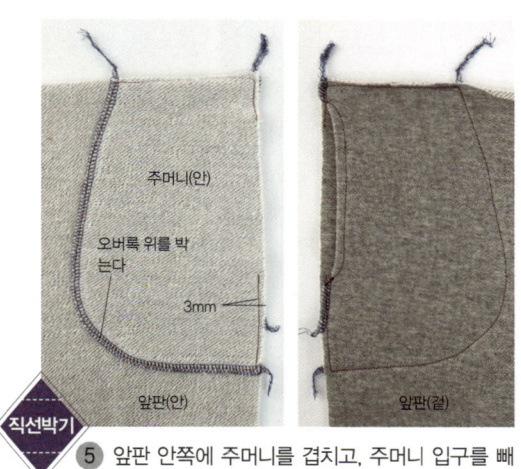

주머니(안)
오버록 위를 박는다
3mm
앞판(안)
앞판(겉)

직선박기

⑤ 앞판 안쪽에 주머니를 겹치고, 주머니 입구를 빼고 1바퀴 돌아가며 직선박기한다.

2 | 옆선을 박는다

뒤판(안)
주머니(안)
앞판(안)

오버록

① 앞판과 뒤판을 겉끼리 맞대고 옆선을 오버록하여 잇는다(P.10-B).
※ 박을 때 주머니 입구가 말려들어가지 않도록 주의한다.

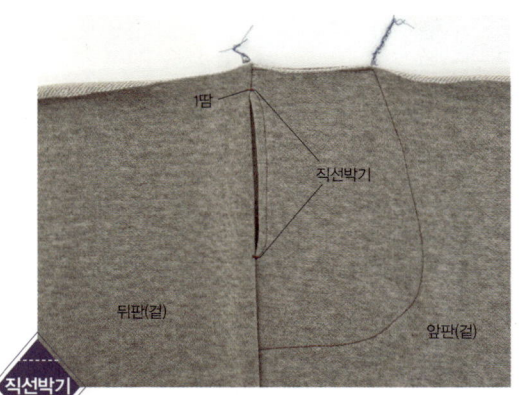

1땀
직선박기
뒤판(겉)
앞판(겉)

직선박기

② 주머니가 있는 부분의 옆선 시접을 뒤판 쪽으로 넘기고 주머니 입구 위아래에 직선박기를 한다. 1땀이 뒤판에 걸리도록 박는다.

3 | 옆선을 박는다

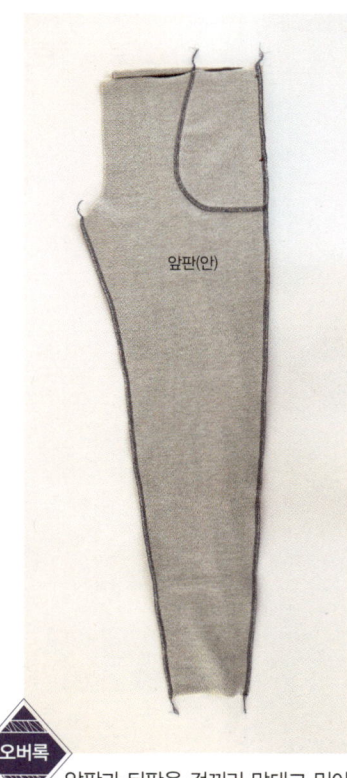

앞판(안)

오버록

앞판과 뒤판을 겉끼리 맞대고 밑아래를 오버록하여 잇는다(P.10-B). 바지 왼쪽도 같은 방법으로 만든다.

4 | 밑위를 박는다

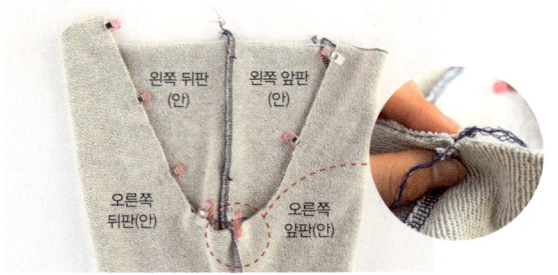

1 바지 왼쪽을 겉으로 뒤집어서 바지 오른쪽 속에 넣는다. 밑위를 시침 클립으로 고정한다. 밑아래 시접은 서로 엇갈리게 넘긴다.

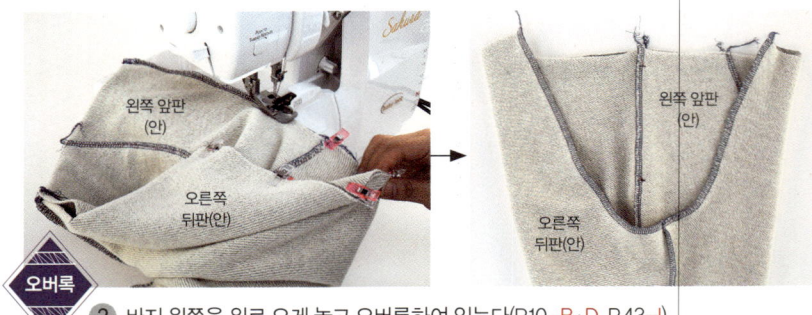

오버록

2 바지 왼쪽을 위로 오게 놓고 오버록하여 잇는다(P.10-B·D, P.43-I).

5 | 밑위에 덧댐천을 단다 ※ 옷감이 두꺼울 때는 얇은 자투리 옷감이나 면 테이프를 덧댐천으로 써도 된다.

1 남은 옷감을 3×6cm 크기로 자른다.

2 위아래와 좌우를 7mm씩 다려서 접는다.

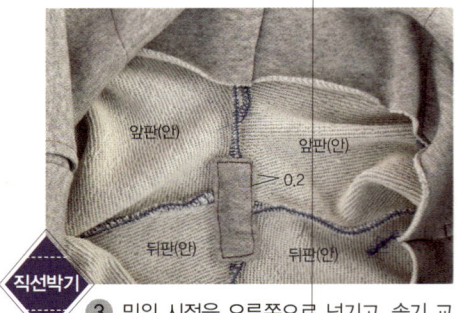

직선박기

3 밑위 시접을 오른쪽으로 넘기고, 솔기 교차 부분에 덧댐천을 겹쳐서 직선박기한다.

6 | 허릿단을 만들어서 바지에 단다

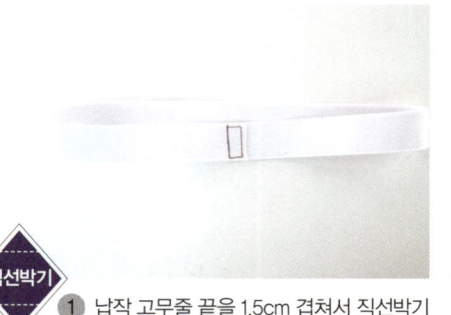

직선박기

1 납작 고무줄 끝을 1.5cm 겹쳐서 직선박기로 네모나게 박는다.

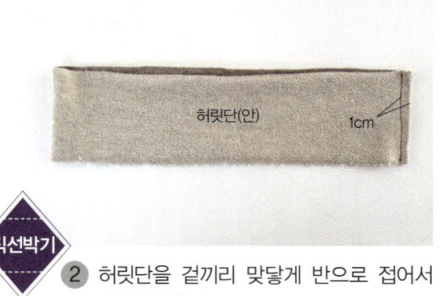

직선박기

2 허릿단을 겉끼리 맞닿게 반으로 접어서 직선박기한다.

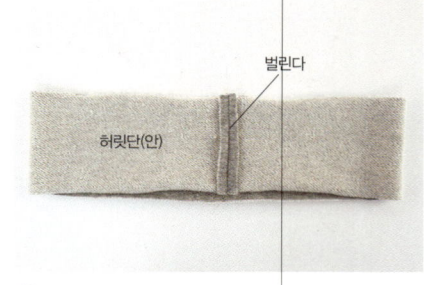

3 시접을 벌린다.

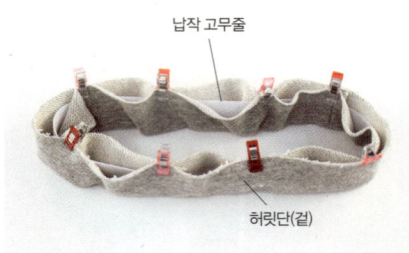

4 허릿단을 반으로 접어서 그 사이에 납작 고무줄을 끼우고 시침 클립으로 고정한다.

5 바지 허리선에 허릿단을 겹친다. 허릿단 솔기는 왼쪽 옆선에 맞추고 맞춤 표시를 고정한다. 허릿단보다 바지 허리선이 크기 때문에 늘어지는 부분을 고르게 배분하여 사이사이를 고정한다.

오버록

6 바지를 안으로 뒤집어서 허릿단을 위로 오게 놓고 오버록한다. 바지의 늘어진 부분이 없어지도록 허릿단을 늘이면서 박는다(P.11-E).

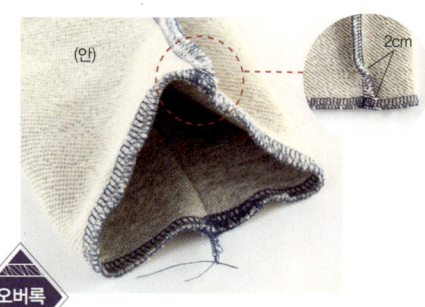

7 │ 밑단을 오버록한다

③ 실을 처리한다(P.11-F).

직선박기

⑧ 허릿단 옆선을 직선박기한다(납작 고무줄이 뒤틀리는 것을 막기 위해). 왼쪽 옆선은 겉허릿단 쪽을 위로 오게 놓고 솔기에 박아 준다.

오버록

③ 옆선과 밑아래 시접을 밑단에서 2cm 위치에서 비틀어서 넘긴다. 밑단에 오버록한다. ※ 8에서 커버스티치를 선택할 때는 오버록하지 않는다. 실을 처리한다(아래 H)

H 간단한 오버록 실 처리

8처럼 오버록 위를 박을 때 등 실 끝이 풀릴 염려가 별로 없을 때는 이 방법이 간단하고 박음질을 마친 부분이 깔끔해서 좋습니다.

빈 사슬을 1.5cm 정도 남기고 자른다.

사슬의 실 끝을 살짝 당긴다. 옷감이 줄어들지 않을 정도로 당기고 실 끝만 당긴다.

실이 엉켜서 깔끔하게 마무리된다. 남은 실 끝은 자른다.

---

8 │ 밑단 시접을 접어서 박는다

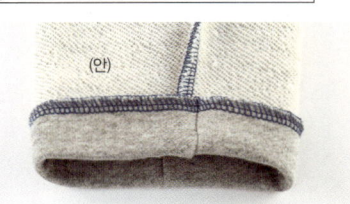

① 시접을 다려서 2cm 접는다.

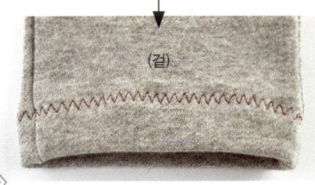

박는 법 선택

② 바지를 겉으로 뒤집어서 밑아래에서부터 1바퀴 돌아가며 박는다. ※ 박는 법과 재봉실은 P.11-9 Ⅰ~Ⅲ에서 고른다. 밑단이 좁을 때는 다리를 끼울 때 늘어나므로 박는 법 중에서 바늘땀이 늘어나는 방법을 추천한다.

완성

앞

뒤

가우초 팬츠는 움직이기 편하고 착용감이 좋으며

체형도 커버해 주어 인기 있는 아이템입니다.

니트 소재로 만들면 스타일리시한 느낌까지 더해지지요.

비치지 않는 가벼운 소재로 만들어서

걸을 때마다 팬츠가 찰랑이는 느낌을 즐겨 보세요.

11

| 가우초 팬츠 |

가우초 팬츠에 니트용 안감을 대서 입었을 때 매끄러운 느낌이 들도록 했습니다. 티셔츠, 니트, 셔츠 등 어떤 상의하고도 어울리는 것이 매력입니다. 멋지게 입으려면 상의 앞쪽을 팬츠 안에 넣거나 소매를 걷어 올려서 산뜻하게 보이는 것이 요령입니다.

사 이 즈 | S~3L ➤
만드는 법 | P.42 ➤

사용한 옷감
울 플레어 리브 니트

추천 소재
비치치 않는 얇은 두께~중간 두께 니트 옷감을 추천합니다. 너무 빳빳한 옷감을 고르면 걸을 때 불편하니 부드러운 옷감으로 만들어서 몸의 라인을 살짝 드러내는 느낌을 즐기세요.

가우초 팬츠 만드는 법

실물 크기 옷본 D면

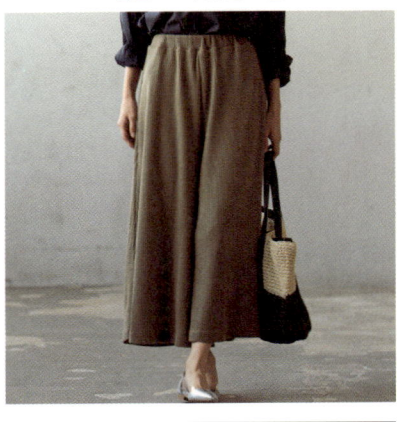

사이즈	완성 치수(cm)		옷감 필요량	안감 필요량	납작 고무줄
	밑아래 길이	엉덩이둘레	137cm 폭	124cm 폭	3mm 폭
S	52.5	100	1m90cm	1m40cm	61cm
M	54	108	1m90cm	1m40cm	66cm
L	56	115.5	2m	1m50cm	70cm
2L	57.5	123.5	2m	1m50cm	75cm
3L	59	131	2m10cm	1m50cm	79cm

※ 납작 고무줄 길이는 기준입니다. 원하는 길이로 조절하세요.

포인트

- 밑단은 취향에 따라 직선박기나 커버스티치로 변경할 수 있습니다. 밑단 폭이 넓어서 입을 때 늘어날 필요가 없기 때문에 늘어나지 않는 재봉실로 박아도 됩니다.
- 안감은 니트 타입을 사용했습니다. 일반 안감을 사용할 수도 있습니다.
- 안감이 필요 없을 때는 안감 과정을 생략하고 나머지는 같은 방법으로 만듭니다.

※실물 크기 옷본은 따로 시접을 둘 필요가 없다.
● 은 옷본에 포함된 시접분이며 따로 지시가 없는 곳은 시접분 1cm 포함.
— 는 맞춤 표시로 약 3mm 가위집을 넣는다.

옷감을 마름질하는 법
(M사이즈)

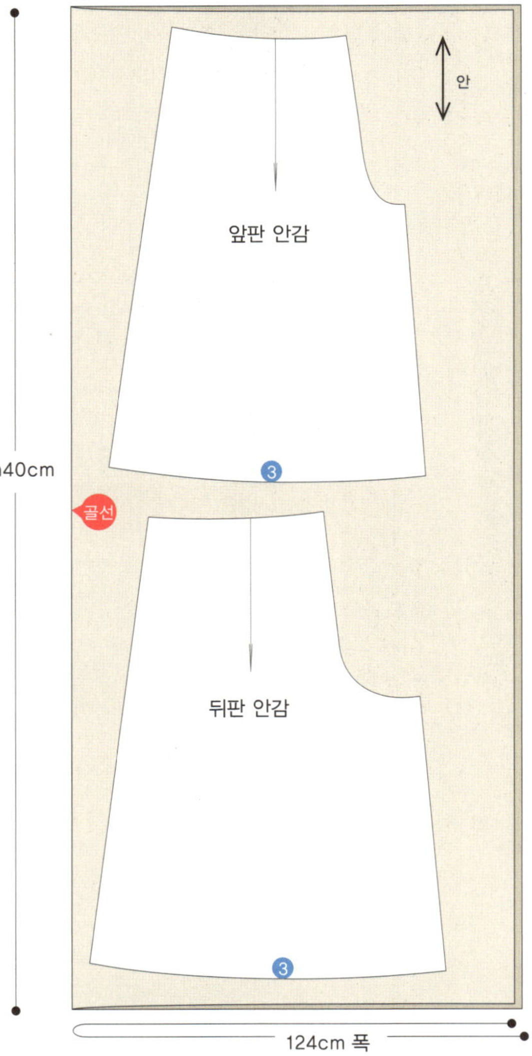
안감
안
앞판 안감
3
1m40cm
골선
뒤판 안감
3
124cm 폭

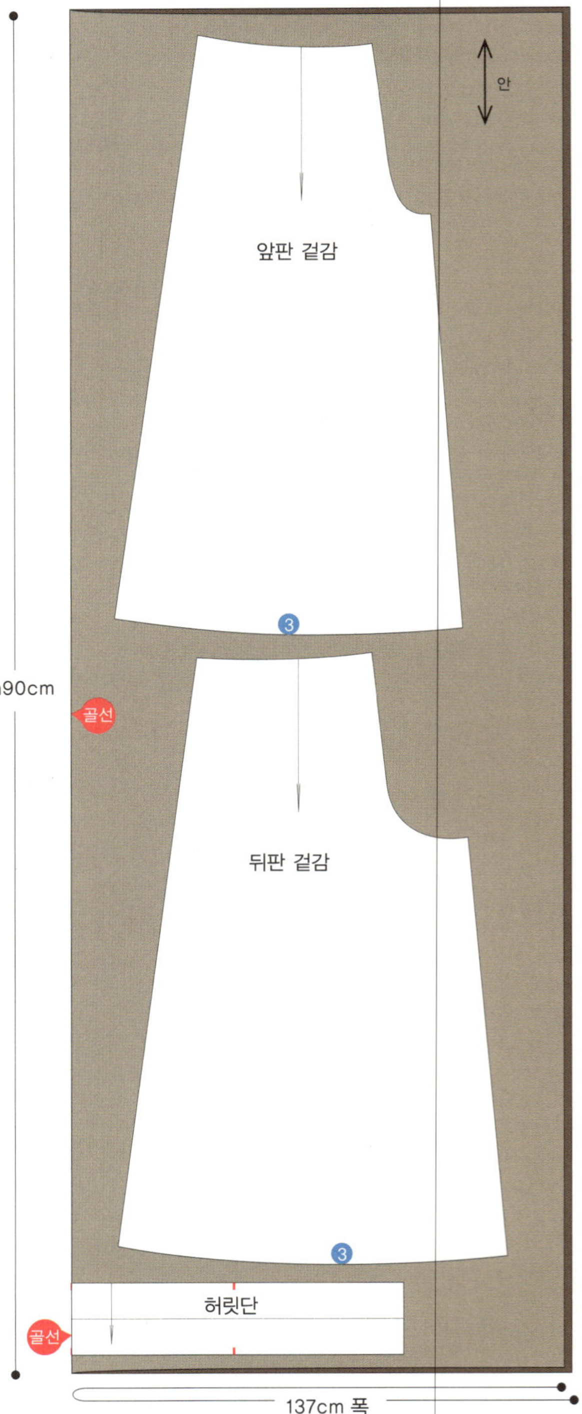
안
앞판 겉감
3
1m90cm
골선
뒤판 겉감
3
허릿단
골선
137cm 폭

1 | 바지 겉감을 만든다

오버록 ① 뒤판 겉감과 앞판 겉감을 각각 겉끼리 맞대고 밑위를 오버록한다(P.10-B, 아래 I).

오버록 / 오버록

오버록 ② ①을 펼쳐서 앞판 겉감과 뒤판·겉감을 겉끼리 맞댄다. 옆선을 오버록한다(P.10-B).

3cm

오버록 ③ 옆선의 밑단에서부터 3cm 위치에서 시접을 비틀어서 어느 한쪽으로 넘긴다. 밑단을 오버록한다(P.9-A)

I | **안쪽 곡선에 오버록한다**

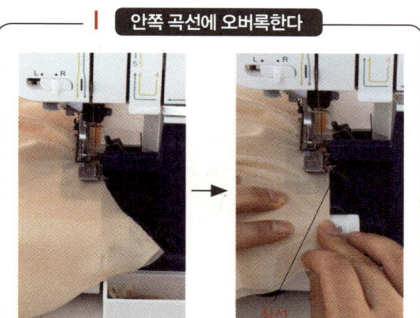

밑위 같은 곡선을 박을 때는 오버록 재봉틀의 칼날로 옷감을 너무 자르지 않게 곡선 부분이 직선이 되도록 옷감을 잡고 오버록한다.

3cm

④ 밑단 시접을 다려서 3cm 접는다.

접음선은 벌린다

오버록 ⑤ 앞판 겉감과 뒤판 겉감을 겉끼리 맞댄다. 밑위 시접을 서로 엇갈리게 넘기고, 밑아래를 한쪽 밑단에서부터 다른 쪽 밑단까지 오버록한다.

---

2 | 바지 안감을 만든다

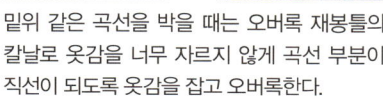

안감은 박을 때 줄어들기 쉬우므로 차동 조절 기능으로 조절한다(P.81·82).

줄어든 상태

오버록 ① 뒤판 안감과 앞판 안감을 각각 겉끼리 맞대고 밑위를 오버록한다(P.10-B, 위 I 참고).

1.5cm

② 1-② 와 같은 방법으로 옆선을 박는다. 밑단 시접을 다려서 1.5cm 접고 1번 더 1.5cm 접는다(2번 접기).

접음선은 벌린다

오버록 ③ 1-② 와 같은 방법으로 밑아래를 오버록한다.

---

3 | 허릿단을 만든다

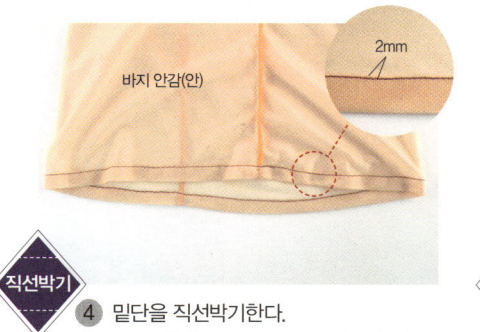

2mm

직선박기 ④ 밑단을 직선박기한다.
※ 재봉실은 P.11-9 Ⅲ·Ⅳ에서 고른다 (이하 같음).

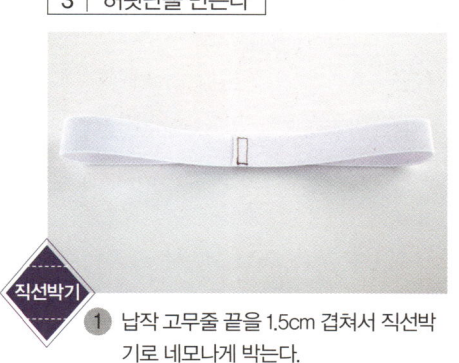

직선박기 ① 납작 고무줄 끝을 1.5cm 겹쳐서 직선박기로 네모나게 박는다.

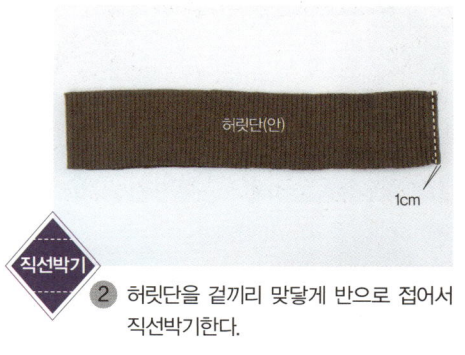

1cm

직선박기 ② 허릿단을 겉끼리 맞닿게 반으로 접어서 직선박기한다.

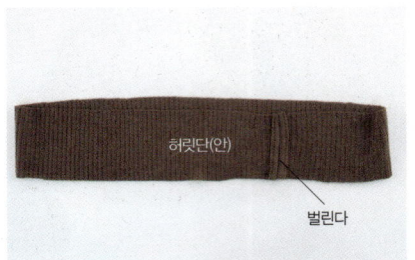

③ 시접을 벌린다.

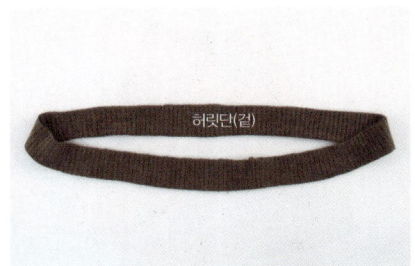

④ 반으로 접는다.

⑤ 허릿단 사이에 납작 고무줄을 끼우고 시침 클 립으로 고정한다.

4 | 바지 겉감과 허릿단을 고정한다

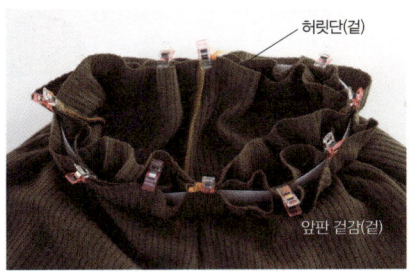

바지 겉감의 겉에 허릿단을 겹치고 옆선, 앞중심, 뒤중심을 고정한다.

5 | 4에 바지 안감을 고정한다

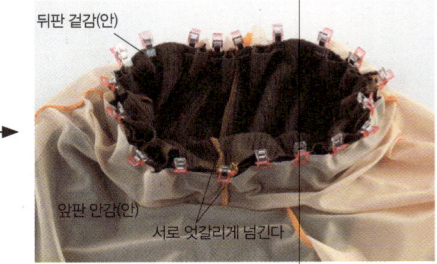

바지 겉감에 바지 안감의 한쪽 다리를 씌운다. 옆선, 앞중심, 뒤중심을 바지 안감도 겹쳐서 고정한다. 시접은 서로 엇갈리게 넘겨서 고정하고, 아까 고정한 부분의 사이사이도 고정한다. 납작 고무줄이 짧아서 고정하기가 좀 어렵지만 바지 겉감·바지 안감과 허릿단의 길이는 같으므로 길이를 맞춰 가며 고정한다.

6 | 허리선을 박는다

① 바지 겉감의 한쪽 다리 쪽으로 손을 넣어서 전체를 안으로 뒤집는다.

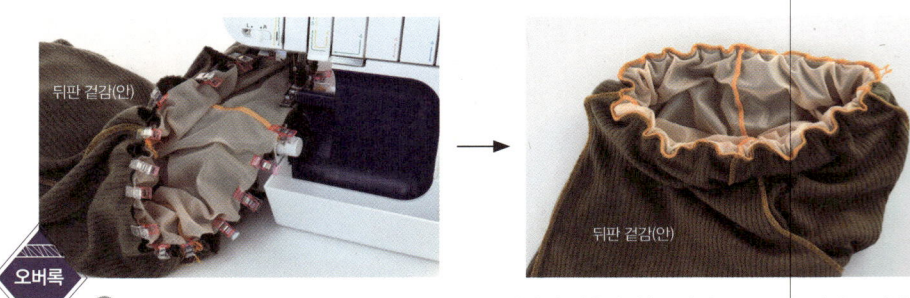

오버록

② 노루발을 올리고 바지 안감을 위로 오게 놓고 단단히 끼운다. 왼쪽 옆선 부근부터 1바퀴 돌아가며 오버록한다. 빈 사슬을 10cm 정도 남겨서 자르고 실을 처리한다(P.11-E·F).

③ 바지를 겉으로 뒤집는다.

7 | 밑단을 손바느질로 처리한다

솔기가 겉으로 나오지 않도록 밑단을 감쳐 준다. 실은 손바느질용 실이나 오버록한 실과 같은 실 을 사용한다.

완성

남 자 옷 만 들 기

후드 티셔츠나 바지, 티셔츠 등 유니섹스 디자인은 남성에게도 어울립니다.
P.3 참고 치수표의 '남성 사이즈 기준'을 참고하여 완성 치수를 확인하며 만드세요.

P.25-7 후드 티셔츠
사용한 옷감
두꺼운 면 기모 쭈리

P.7-1 반소매 티셔츠
사용한 옷감
면 가로줄무늬

P.20-6 반바지
사용한 옷감
면 코르크 인레이(남색)

딱 맞게 입고 싶은 사람, 헐렁하게 입고 싶은 사람 등
남성이라도 후드 티셔츠 취향은 가지각색.
본인이 원하는 착용감을 확인하고 만드는 것이 좋습니다.

티셔츠에 짧은 바지는 여름철 최고의 인기 스타일이지요.
얇은 옷감으로 만들면 속옷 같은 느낌이 나니
고밀도 면 소재를 추천합니다.

Part 6

Tight Skirt
타이트 스커트

여성스러운 스타일의 타이트 스커트.

최근에는 무릎이 가려지는 7부 길이의 여성스러운 라인이 인기입니다.

니트 소재로 움직이기 편안하고 고급스러운 스커트를 만들어 보세요.

12

| 타이트 스커트 |

3장을 이어 만드는 타이트 스커트. 힘이 있고 모양이 잘 흐트러지지 않는 분또 소재를 사용했습니다. 이음매를 이용하여 슬릿을 만들면 여성스러운 느낌도 더 살아나고 걸을 때에도 편안합니다. 허리에 고무줄을 넣어서 편하게 입을 수 있어요.

사 이 즈 | S~3L

만드는 법 | P.48

사용한 옷감
아크릴·레이온 크로스 웜 스트레치 분또

추천 소재
분또는 보온성이 뛰어나서 가을·겨울에 적합한 소재입니다. 여름에는 얇은 쭈리나 평직 니트 등을 추천합니다. 합성섬유 니트 옷감으로 만들면 형태가 깔끔하게 나옵니다.

실물 크기 옷본 C면

※실물 크기 옷본은 따로 시접을 둘 필요가 없다.
🔵은 옷본에 포함된 시접분이며 따로 지시가 없는 곳은 시접분 1㎝ 포함.

**옷감을
마름질하는 법
(M사이즈)**

90cm

143cm 폭

④ 치마 뒤판 ④ 치마 오른쪽 앞판 ④ 치마 왼쪽 앞판

걸

골선

⓪ ⓪

③ ③ ③

사이즈	완성 치수(cm)		옷감 필요량	납작 고무줄
	치마 길이	엉덩이둘레	143cm 폭	4cm 폭
S	73.5	85.5	90cm	61cm
M	76	92	90cm	66cm
L	78.5	98.5	1m	70cm
2L	81	105	1m	75cm
3L	83	112	1m	79cm

---

1 | 치마 앞판의 슬릿을 만든다

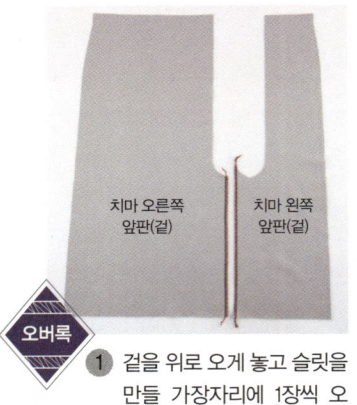

오버록
① 겉을 위로 오게 놓고 슬릿을 만들 가장자리에 1장씩 오버록한다(P.9-A).

치마 오른쪽 앞판(겉) 치마 왼쪽 앞판(겉)

오버록
② 치마 오른쪽 앞판의 곡선 부분에 10cm 정도 오버록한다(P.9-A).

치마 오른쪽 앞판(겉) 10cm 정도

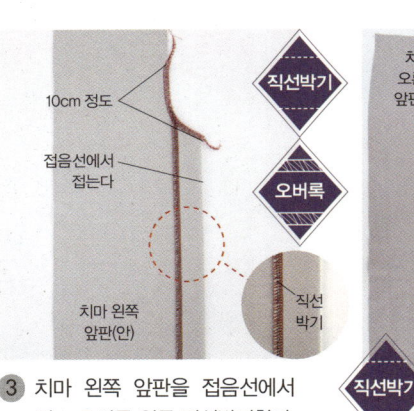

직선박기 오버록

10cm 정도
접음선에서 접는다
직선박기

치마 왼쪽 앞판(안)

③ 치마 왼쪽 앞판을 접음선에서 접고 오버록 위를 직선박기한다. 곡선 부분에 10cm 정도 오버록한다. ※ 재봉실은 P.11-9 Ⅲ·Ⅳ 에서 고른다(이하 같음).

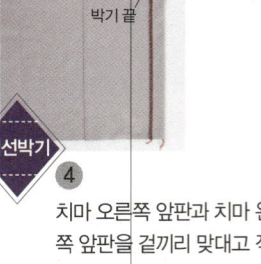

치마 오른쪽 앞판(겉) 치마 왼쪽 앞판(안)
직선박기
박기 끝

직선박기
④ 치마 오른쪽 앞판과 치마 왼쪽 앞판을 겉끼리 맞대고 직선박기하여 잇는다.

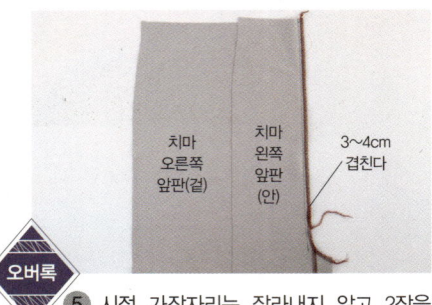

오버록
치마 오른쪽 앞판(겉) 치마 왼쪽 앞판(안) 3~4cm 겹친다

⑤ 시접 가장자리는 잘라내지 않고 2장을 겹쳐서 오버록한다. **②③** 의 오버록에 3~4cm겹쳐서 박고 빈 사슬을 10cm 정도 남겨서 자른다. 실을 처리한다(P.11-F).

치마 왼쪽 앞판(겉) 치마 오른쪽 앞판(안)
박기 끝 박는다

직선박기
⑥ 시접을 오른쪽 앞판 쪽으로 넘긴다. 치마 왼쪽 앞판을 젖히고, 치마 오른쪽 앞판의 박기 끝에서부터 밑단까지 직선박기한다.

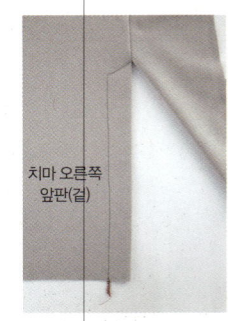

치마 오른쪽 앞판(겉)

겉에서 본 모습.

2 | 옆선을 박는다

◆ **오버록**

◆ **직선박기**

7 젖혔던 치마 왼쪽 앞판을 원래대로 놓고, 치마 오른쪽 앞판의 비스듬한 솔기 위를 직선박기한다.

안쪽에서 본 모습.

치마 앞판과 치마 뒤판을 겉끼리 맞대고 가장자리를 3mm정도 잘라내면서 옆선에 오버록한다(P.10-B).

---

3 | 허리에 납작 고무줄을 단다

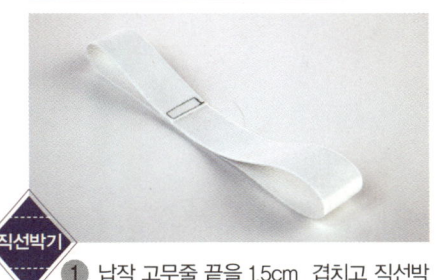

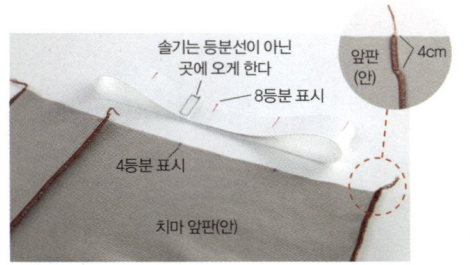

◆ **직선박기**

1 납작 고무줄 끝을 1.5cm 겹치고 직선박기로 네모나게 박는다.

2 치마 앞판과 치마 뒤판을 각각 4등분하여 표시한다. 납작 고무줄은 8등분하여 표시한다. 치마 솔기는 위에서부터 4cm 위치에서 시접을 비틀어서 다린다.

3 치마 안쪽에 납작 고무줄을 겹치고 등분 표시한 부분끼리 시침 클립으로 고정한다.

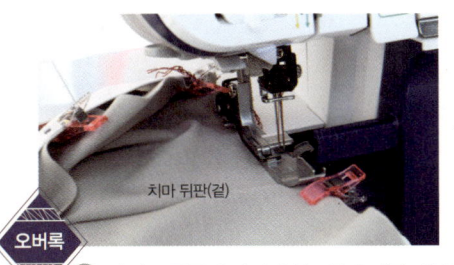

◆ **오버록**

◆ **직선박기**

4 납작 고무줄이 잘리지 않도록 오버록 재봉틀의 칼날을 고정한다(P.81·82). 노루발을 올리고 허리선의 왼쪽 옆선 부분을 끼운다. 치마보다 납작 고무줄이 짧으므로 같은 길이가 되도록 납작 고무줄을 늘이면서 박는다. 이때 5cm 정도씩 천천히 박는다. 마칠 때는 박기 시작한 부분에 2~3cm 겹쳐 박고 빈 사슬을 10cm 정도 남기고 자른다. 실을 처리한다(P.11-F).

5 납작 고무줄을 따라서 허리선 시접을 접는다. 옆선 솔기에 겉쪽에서 직선박기를 한다.

---

4 | 밑단을 박는다

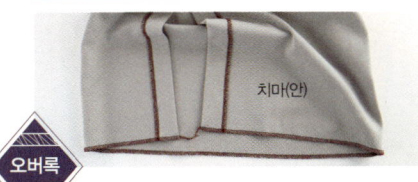

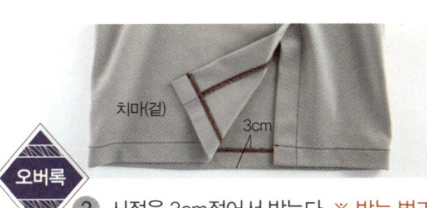

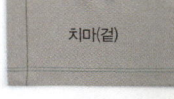

◆ **오버록**

◆ **오버록**

● **완성**

1 밑단에 오버록한다(P.9-A). ※ 커버스티치 재봉틀로 밑단을 박을 때는 오버록하지 않는다.

2 시접을 3cm접어서 박는다. ※ 박는 법과 재봉실은 P.11-9 Ⅰ·Ⅲ·Ⅳ에서 고른다.

앞

뒤

커버스티치 재봉틀로 박을 때
오버록 재봉틀로 밑단을 박지 말고 시접을 접어서 커버스티치 재봉틀로 박은 뒤에 실을 처리한다(P.11-F).

Part 7

Flared Skirt
플레어 스커트

오버록 재봉틀로 옷을 만들기 시작할 때 첫 작품으로

추천하는 옷이 4장을 이어 만드는 플레어 스커트입니다.

곡선이 거의 없어서 오버록 재봉틀로 이어붙일 때 요령을 익히기 좋습니다.

차분한 느낌의 소재와 색깔을 선택해 만드는 것을 추천합니다.

13

| 미디 플레어 스커트 |

캐주얼해 보이는 무릎 길이 스커트도
깊이 있는 올리브색을 선택하면 고급
스러운 분위기를 낼 수 있습니다. 밑
단은 커버스티치 재봉틀로 박았기 때
문에 기성품 못지않습니다. 허리는 고
무줄로 처리해서 착용감도 편하지요.

사 이 즈 | 110~3L

만드는 법 | P.53

사용한 옷감
폴리에스테르/레이온 본딩 니트

추천 소재
쭈리나 골판지 니트 등 중간 두께 니트 옷감
을 추천합니다. 자카드 니트나 평직 니트 등
비치지 않는 옷감을 고르세요.

14

| 롱 플레어 스커트 |

13을 무릎 아래 길이로 늘인 롱스커트. 부드럽게 흔들리는 밑단이 우아한 느낌을 주고 신경 쓰이는 체형을 커버해 줍니다. 허리선 위치가 높아서 상의를 넣어 입어도 균형 잡힌 예쁜 차림이 됩니다.

사 이 즈 | 110~3L
만드는 법 | P.53

사용한 옷감
손뜨개 스타일 평직 니트

추천 소재
쭈리나 평직 니트로 만들면 스커트 밑단을 자른 채로 놔둬도 옷감 가장자리가 자연스럽게 말려서 편한 느낌으로 완성됩니다.

실물 크기 옷본 D면

13

실물 크기 옷본 D면

14

옷감을 마름질하는 법(M사이즈)

● 은 옷본에 포함된 시접분이며 따로 지시가 없는 곳은 시접분 1㎝ 포함.

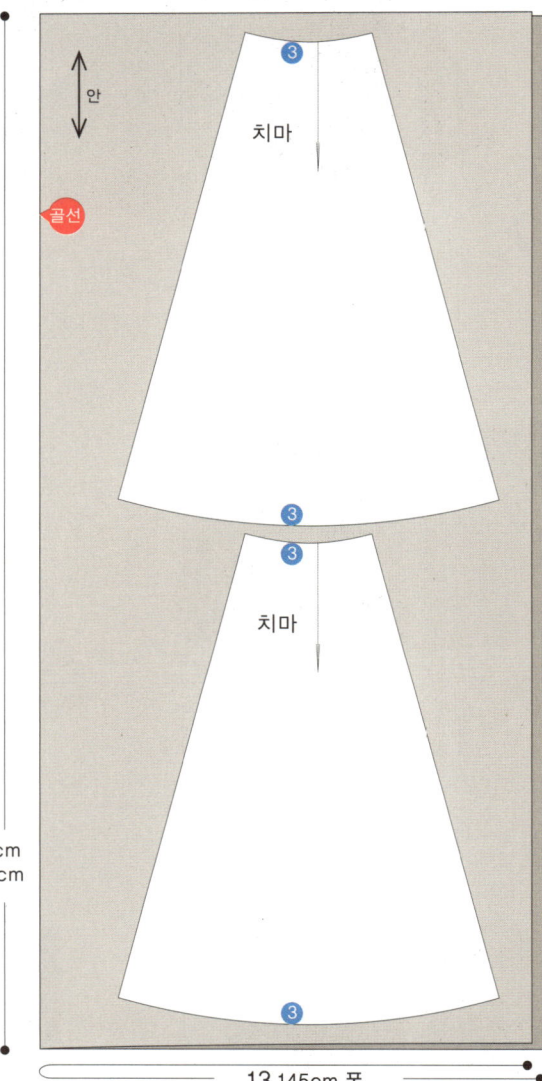

13 1m50cm
14 1m80cm

13 145cm 폭
14 140cm 폭

13

사이즈	완성 치수(cm)		옷감 필요량 145cm 폭	납작 고무줄 3cm 폭
	치마 길이	엉덩이둘레		
110	41	73	1m10cm	52cm
120	45	78	1m20cm	54cm
130	48.5	83	1m20cm	56cm
140	52.5	88.5	1m30cm	58cm
150	56	93.5	1m40cm	60cm
S	58	98.5	1m40cm	61cm
M	60	106	1m50cm	66cm
L	62	113.5	1m50cm	70cm
2L	64	121	1m50cm	75cm
3L	66	128.5	1m60cm	79cm

14

사이즈	완성 치수(cm)		옷감 필요량 140cm 폭	납작 고무줄 3cm 폭
	치마 길이	엉덩이둘레		
110	51.5	73	1m30cm	52cm
120	56	78	1m40cm	54cm
130	61	83	1m50cm	56cm
140	64.5	88.5	1m60cm	58cm
150	70	93.5	1m70cm	60cm
S	72.5	98.5	1m70cm	61cm
M	75	106	1m80cm	66cm
L	77.5	113.5	1m80cm	70cm
2L	80	121	1m80cm	75cm
3L	82.5	128.5	2m20cm	79cm

---

1 | 치마 4장을 잇는다

오버록

치마(안)

오버록

1 치마를 2장씩 겉끼리 맞대고 오버록한다(P.10-B).

오버록

치마(안)   치마(안)

오버록

1 ❶의 2장을 펼쳐서 겉끼리 맞대고 양 옆선을 오버록한다(P.10-B).

2 | 밑단을 박는다

J | 시접을 오버록 재봉틀로 줄이면서 박는다

줄어들지 않은 솔기

줄어든 솔기

플레어 스커트는 밑단 시접을 접으면 가장자리가 남으므로 오버록 재봉틀의 **차동 조절**(P. 81, 82) 기능을 이용하여 조금 줄이면서 박으면 밑단을 올려서 박기가 쉬워진다.

오버록

① 밑단에서 3cm 위치에서 시접을 비틀어서 넘긴다. 겉을 위로 오게 놓고 밑단을 조금 줄이면서 1바퀴 돌아가며 오버록한다(P.9-A). 실을 처리한다(P.39-H). ※ ②에서 커버스티치를 선택할 때는 오버록을 하지 않는다.

3 | 허리에 납작 고무줄을 단다

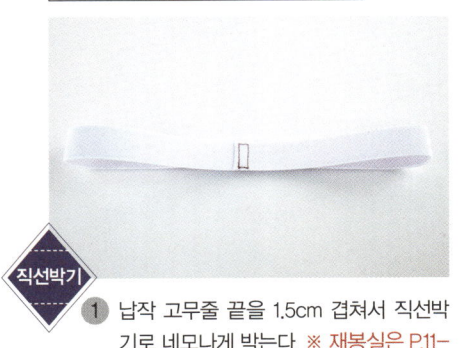

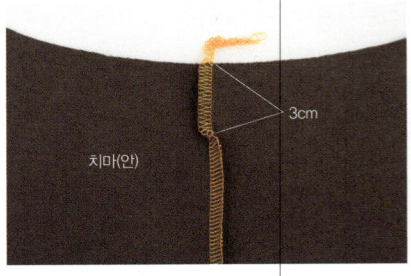

박는 법 선택

② 밑단 시접을 3cm 접어서 박는다.
※ 박는 법과 재봉실은 P.11-9 I~IV에서 고른다.

직선박기

① 납작 고무줄 끝을 1.5cm 겹쳐서 직선박기로 네모나게 박는다. ※ 재봉실은 P.11-9 III·IV에서 고른다(이하 같음).

② 솔기의 위에서 3cm 위치에서 시접을 비틀어서 넘긴다.

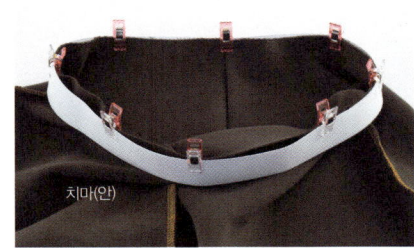

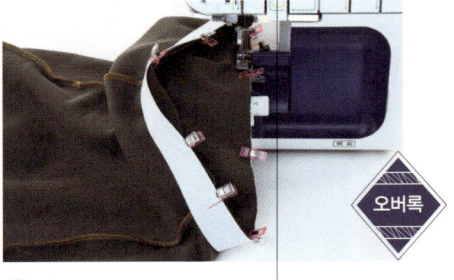

③ 납작 고무줄을 4등분하여 표시한다.

④ 치마 안쪽에 납작 고무줄을 겹치고, 표시한 부분과 솔기를 시침 클립으로 고정한다. 솔기와 솔기 사이도 고정한다.

오버록

⑤ 납작 고무줄이 잘리지 않도록 오버록 재봉틀의 칼날을 고정한다(P.2·3). 노루발을 올리고 허리선의 왼쪽 옆선 부분을 끼운다. 치마보다 납작 고무줄이 조금 길기 때문에 같은 길이가 되도록 치마를 늘이면서 박는다. 5cm정도씩 천천히 박는다.

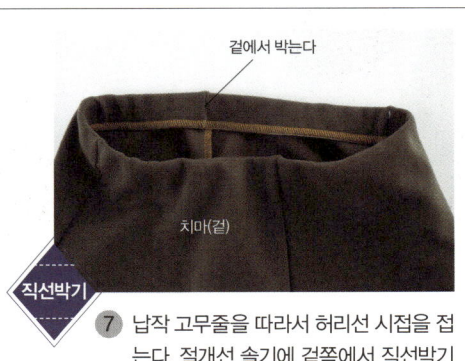

완성

⑥ 1바퀴 돌아가며 박는다. 마칠 때는 박기 시작한 부분에 2~3cm겹쳐 박고 빈 사슬을 10cm 정도 남겨서 자른다. 실을 처리한다(P.11-F).

직선박기

⑦ 납작 고무줄을 따라서 허리선 시접을 접는다. 절개선 솔기에 겉쪽에서 직선박기를 한다(4군데).

아이 옷 만들기

이 책의 일부 작품은 110~150사이즈 옷본도 실려 있습니다.
티셔츠, 바지, 후드 티셔츠 등의 평상복을 계절과 아이의 성장에 맞춰서 만들 수 있답니다.

P.7-1 반소매 티셔츠
사용한 옷감
면 20 줄무늬 평직 니트

P.35-10 슬림 팬츠
사용한 옷감
폴리에스테르/레이온
본딩 니트

퍼프소매 티셔츠
만드는 법 : P.15
사용한 옷감
면 잔물방울(빨강)

P.51-13 미디 플레어 스커트
사용한 옷감
기모 면 파일 니트

니트 소재는 착용감이 좋아서 아이들 옷에도 추천합니다.
엄마아빠와 아이가 세트로 만들어서 입어도 좋아요.

반소매 티셔츠의 소매를 퍼프소매로 바꿔서
발랄한 분위기로 변형했습니다.

Part 8

Cardigan
카디건

니트 옷감으로 카디건을 만들 수 있으면 옷 만들기의 세계가 훨씬 넓어집니다.

직물로는 거의 만들지 않는 아이템이라서 조금 낯설 수 있지만,

앞판 끝선에서 목둘레선까지 이어지는 옷깃을 다는 것만 달라요.

어렵게 보여도 오버록 재봉틀로 만들면 간단한 작업입니다.

15

| 쇼트 카디건 |

드롭 숄더가 부드러운 분위기를 내는
카디건입니다. 겹쳐 입을 것을 생각해
서 넉넉한 사이즈로 만들었습니다. 소
맷부리와 밑단의 시보리와 옷깃에는
앞뒤 무늬가 다른 자카드 니트의 안쪽
면을 사용했습니다.

사 이 즈 | S~3L

만드는 법 | P.60

사용한 옷감
체크 자카드

추천 소재
시보리가 포인트가 되는 디자인입니다. 중
간 두께 리버시블 니트의 안쪽 면을 이용해
도 좋고, 소맷부리와 밑단에 같은 색 시보리
를 달아도 좋습니다.

16
| 롱 카디건 |

15의 옷깃 시보리를 가늘게 하고 전체 길이를 늘인 롱 카디건입니다. 살짝 걸쳐도 모양이 나고, 신경 쓰이는 허리 주위도 가려 줍니다. 성숙한 분위기를 띤 얇은 리넨 소재를 사용하여 아우터로 입기도 좋은 옷입니다.

사 이 즈 | S~3L
만드는 법 | P.59

사용한 옷감
내추럴 평직 니트(검정)

추천 소재
리넨 니트나 평직 니트 등 비교적 얇은 옷감을 골라서 몸의 라인을 살짝 드러내는 느낌을 즐겨 보세요. 모노톤을 고르면 쌀쌀한 날씨에 입기 좋은 옷이 됩니다.

실물 크기 옷본 D면

※실물 크기 옷본은 따로 시접을 둘 필요가 없다.
옷본은 모두 시접분 1cm 포함.
── 는 맞춤 표시로 약 3mm 가위집을 넣는다.

옷감을
마름질하는 법
(M사이즈)

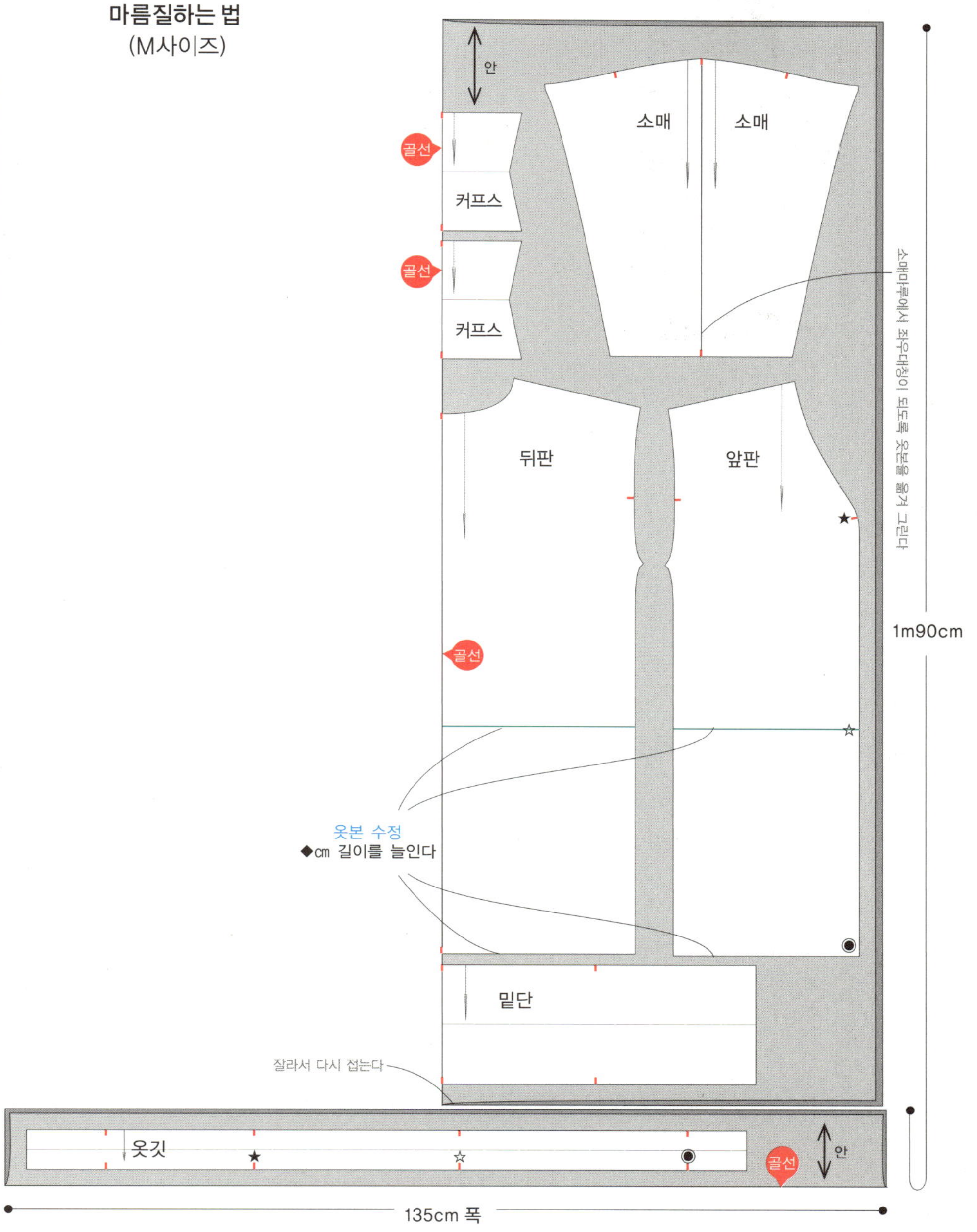

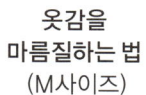

안

골선

소매 소매

커프스

골선

커프스

뒤판 앞판

소매 밑

★

골선

소매 밑부분에서 좌우대칭이 되도록 옷본을 옮겨 그린다

1m90cm

☆

옷본 수정
◆cm 길이를 늘인다

밑단

잘라서 다시 접는다

옷깃 ★ ☆ ◉

골선 안

135cm 폭

사이즈	완성 치수(cm)			옷감 필요량	변형 치수
	전체 길이	가슴둘레	뒤목점~소매 끝 길이	135㎝ 폭	◆
S	91.5	106	77	1m80cm	34
M	94	114	80.5	1m90cm	35
L	97	122	84	1m90cm	36
2L	99.5	130	87.5	2m40cm	37
3L	102	138.5	91	2m50cm	38

각 사이즈 공통 재료
• 늘어남 방지 테이프 9mm 폭 약 50cm

포인트

옷깃에는 단추를 달지 않으므로
접착심지가 필요 없습니다.

만드는 순서

1. 옷본을 수정하여 옷감을 마름질한다
   (옷감을 마름질하는 법)
2. 옷깃을 만든다 (P.60-1, 접착심지는 붙이지 않는다)
3. 늘어남 방지 테이프를 붙인다 (P.61-2)
4. 어깨선을 박는다 (P.61-3)
5. 몸판에 소매를 단다 (P.61-4)
6. 소매 옆선에서부터 몸판 옆선까지 박는다 (P.61-5)
7. 커프스를 만든다 (P.61-6)
8. 커프스를 소매에 단다 (P.61-7)
9. 밑단을 몸판에 단다 (P.62-8)
10. 옷깃을 몸판에 단다 (P.62-9)

실물 크기 옷본 D면

※실물 크기 옷본은 따로 시접을 둘 필요가 없다.
옷본은 모두 시접분 1㎝ 포함.
— 는 맞춤 표시로 약 3mm 가위집을 넣는다.

옷감을 마름질하는 법
(M사이즈)

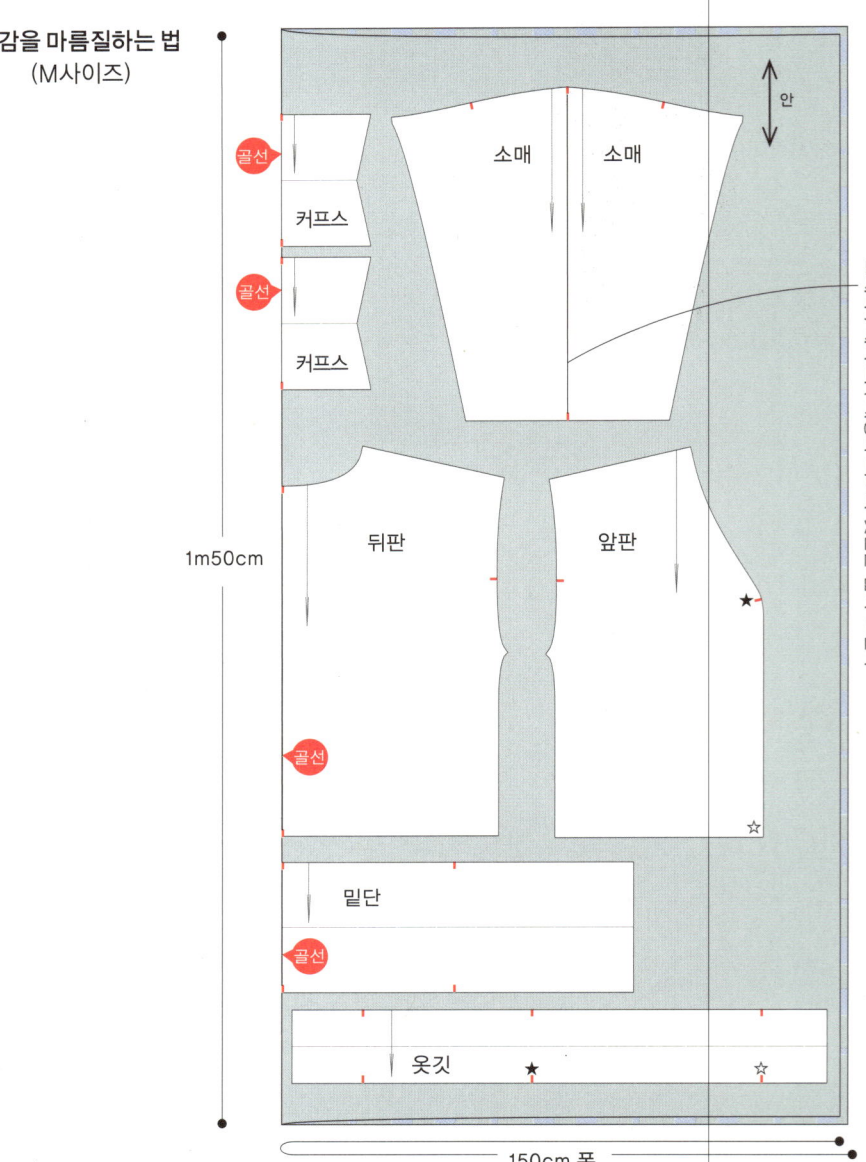

1m50cm

소매마루에서 좌우대칭이 되도록 옷본을 옮겨 그린다

150cm 폭

사이즈	완성 치수(cm)			옷감 필요량
	전체 길이	가슴둘레	뒤목점~소매 끝 길이	150cm 폭
S	57.5	106	77	1m40cm
M	59	114	80.5	1m50cm
L	61	122	84	1m60cm
2L	62.5	130	87.5	1m70cm
3L	64	138.5	91	1m70cm

각 사이즈 공통 재료
- 접착심지 90cm 폭 30cm
- 늘어남 방지 테이프 9mm 폭 약 50cm
- 지름 25mm 단추 5개

포인트

커프스, 밑단, 옷깃은 옷감의 안쪽 면을 사용했습니다.

---

1 | 옷깃을 만든다

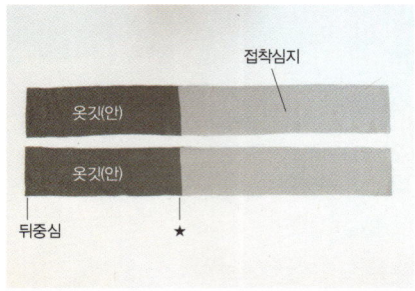

① 옷깃의 ★ 위치에서부터 밑단의 가장자리까지 접착심지를 붙인다. ※ 단추를 달지 않을 때는 접착심지를 붙이지 않는다.

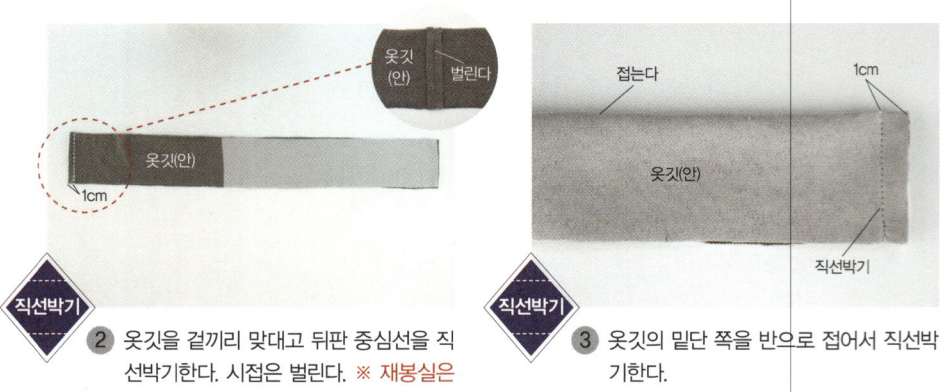

② 옷깃을 겉끼리 맞대고 뒤판 중심선을 직선박기한다. 시접은 벌린다. ※ 재봉실은 P.11–9 Ⅲ·Ⅳ에서 고른다(이하 같음).

③ 옷깃의 밑단 쪽을 반으로 접어서 직선박기한다.

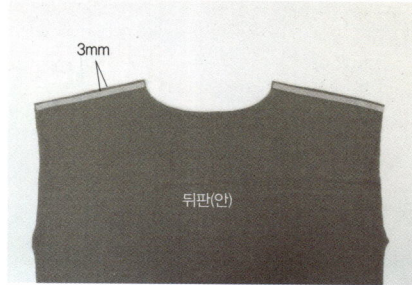
3mm
뒤판(안)

2 | 늘어남 방지 테이프를 붙인다

뒤판 어깨선에 늘어남 방지 테이프를 붙인다.

뒤판(겉)
앞판(안)   앞판(안)

3 | 어깨선을 박는다

◆오버록◆ ① 앞판과 뒤판을 겉끼리 맞대고 어깨선을 오버록한다(P.10−B).

옷깃(겉)   반으로 접는다

④ 옷깃을 겉으로 뒤집고, 다려서 옷깃 전체를 반으로 접어 모양을 정리한다.

뒤판(안)
앞판(안)

② 시접을 다려서 뒤판 쪽으로 넘긴다.

4 | 몸판에 소매를 단다

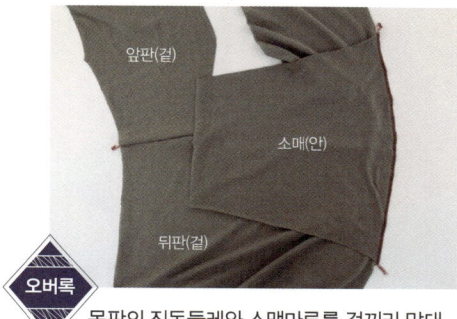
앞판(겉)
소매(안)
뒤판(겉)

◆오버록◆ 몸판의 진동둘레와 소맷마루를 겉끼리 맞대고 소맷마루를 오버록한다(P.10−B·C·D).

5 | 소매 옆선에서부터 몸판 옆선까지 박는다

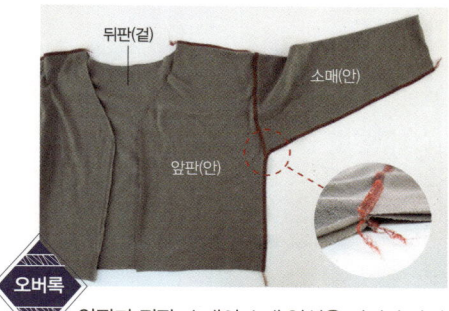
뒤판(겉)
소매(안)
앞판(안)

◆오버록◆ 앞판과 뒤판, 소매의 소매 옆선을 겉끼리 맞댄다. 겨드랑이 부분 시접은 서로 엇갈리게 넘긴다. 소매 옆선에서부터 몸판 옆선까지 오버록한다(P.10−B·D).

---

6 | 커프스를 만든다

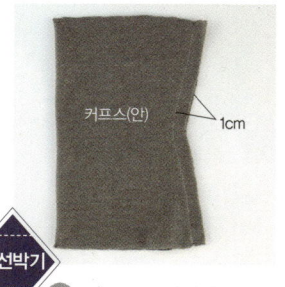
커프스(안) 1cm

◆직선박기◆ ① 커프스를 겉끼리 맞닿게 반으로 접는다. 커프스의 옆선을 직선박기한다.

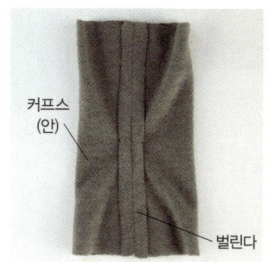
커프스(안)
벌린다

② 시접을 다려서 벌린다.

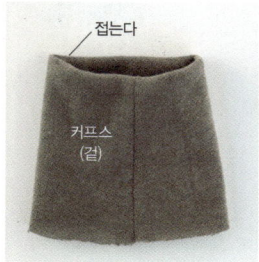
접는다
커프스(겉)

③ 위쪽 반을 겉으로 접어서 2장을 겹친다.

7 | 커프스를 소매에 단다

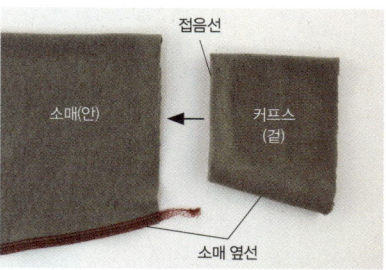
접음선
소매(안)   커프스(겉)
소매 옆선

① 소매의 소맷부리와 커프스를 사진처럼 나란히 놓고 소맷부리 속에 커프스를 넣는다.

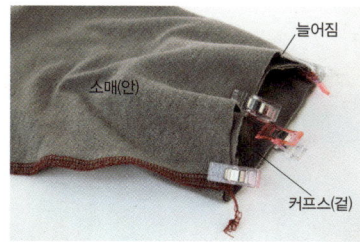
늘어짐
소매(안)
커프스(겉)

② 커프스와 소맷부리의 맞춤 표시를 시침 클립으로 고정한다. 커프스가 소맷부리보다 짧으므로 늘어지는 부분을 고르게 분배하여 사이를 고정한다.

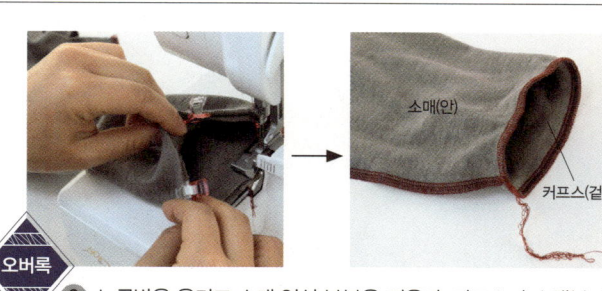
소매(안)
커프스(겉)

◆오버록◆ ③ 노루발을 올리고 소매 옆선 부분을 끼운다. 커프스가 소맷부리보다 짧으므로 같은 길이가 되도록 커프스를 늘이면서 오버록한다(P.11−E). 실을 처리한다(P.11−F).

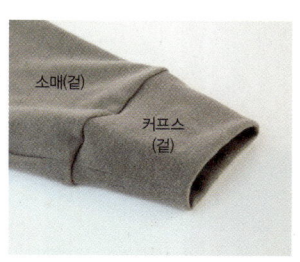
소매(겉)
커프스(겉)

④ 소매를 겉으로 뒤집는다.

8 | 밑단을 몸판에 단다

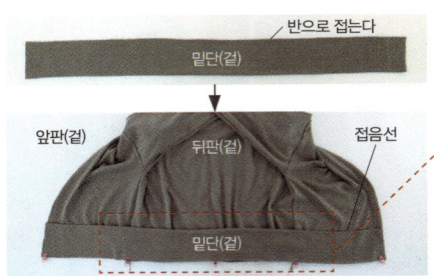
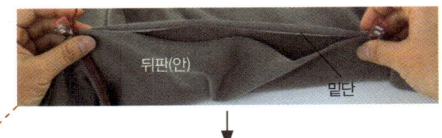
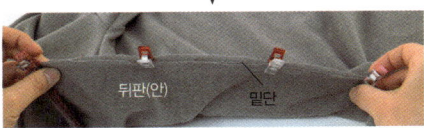
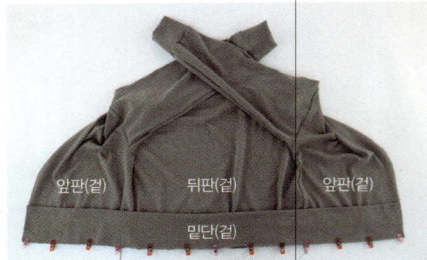

1. 밑단을 안끼리 맞닿게 반으로 접는다. 몸판의 겉에 밑단을 겹치고 가장자리를 맞춘다. 양 끝과 맞춤 표시를 시침 클립으로 고정한다.

2. 밑단보다 몸판의 밑단이 길기 때문에 길이가 맞도록 시침 클립 사이를 살짝 늘린 상태로 고정한다.

밑단 전체를 고정한 모습.

오버록

3. 끝에서부터 오버록한다. 시침 클립과 클립 사이를 늘여서 몸판의 늘어진 부분이 없어지도록 잡고 박는다(P.10-B).

4. 밑단을 아래로 넘긴다. 시접은 자연스럽게 위쪽으로 넘어간다.

9 | 옷깃을 몸판에 단다

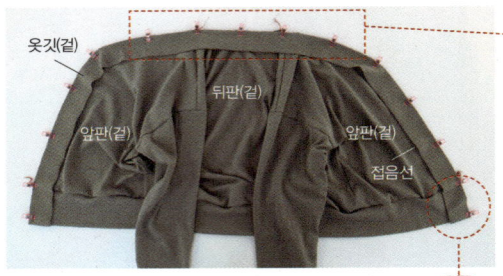

1. 몸판 위에 옷깃을 겹치고 가장자리를 맞춘다. 옷깃 끝과 밑단을 맞춘다. 맞춤 표시를 시침 클립으로 고정한다.

★에서부터 위쪽 목둘레선은 옷깃보다 몸판 목둘레선이 길기 때문에 길이가 맞도록 시침 클립 사이를 살짝 늘인 상태로 고정한다.

오버록

2. 옷깃이 위로 오게 놓고 밑단에서부터 다른 쪽 밑단까지 오버록한다(P.10-B). 빈 사슬을 10cm 정도 남겨서 자르고 실을 처리한다(P.11-F). 옷깃을 세우면 시접은 자연스럽게 몸판 쪽으로 넘어간다.

10 | 단춧구멍을 만들고 단추를 단다

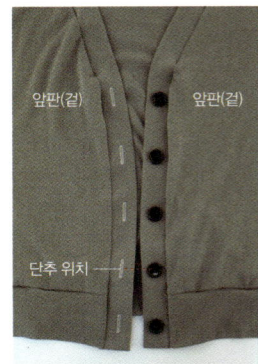

오른쪽 옷깃 가운데에 단춧구멍을 만들고 왼쪽 옷깃에 단추를 단다. 단춧구멍은 단추 위치를 중심으로 하여 단추 크기 3mm 크기로 만든다.

완성

앞

뒤

옷 본 조 절 테 크 닉

옷본을 약간 조절하면 원하는 실루엣에 더 가까운 옷을 만들 수 있습니다.
목둘레의 파임 정도, 전체 길이·소매 길이 조절, 밑단 폭, 소매 폭을 조절할 때의 포인트를 소개합니다.

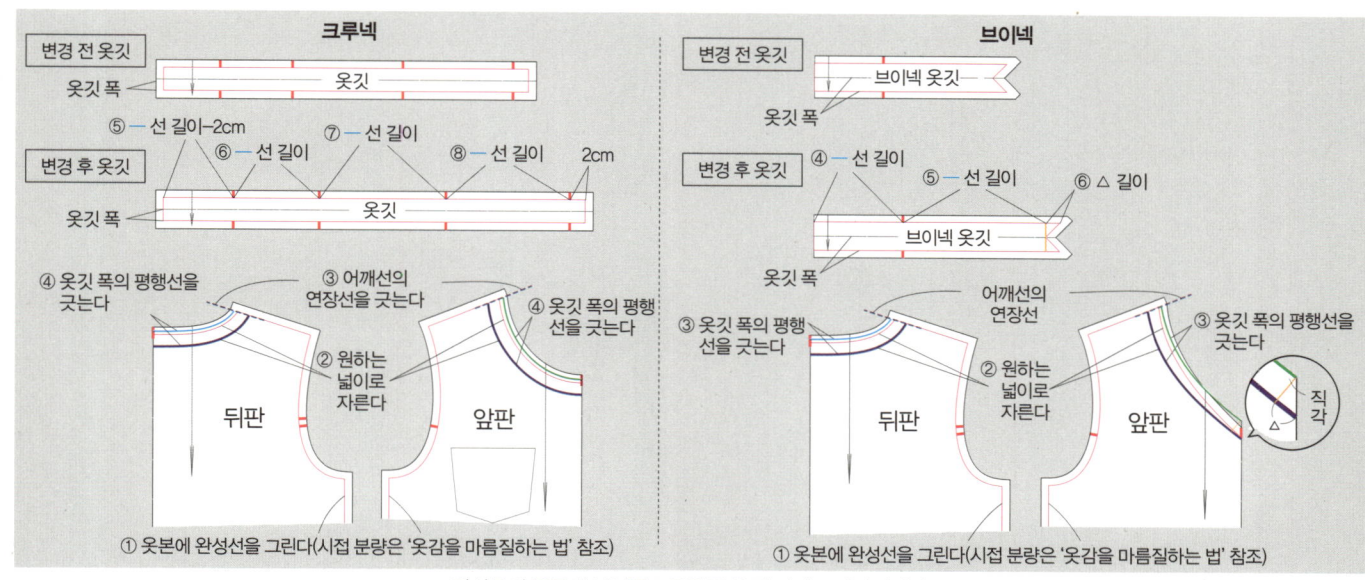

티셔츠의 목둘레 넓이를 조절하면 옷깃 길이도 달라집니다.

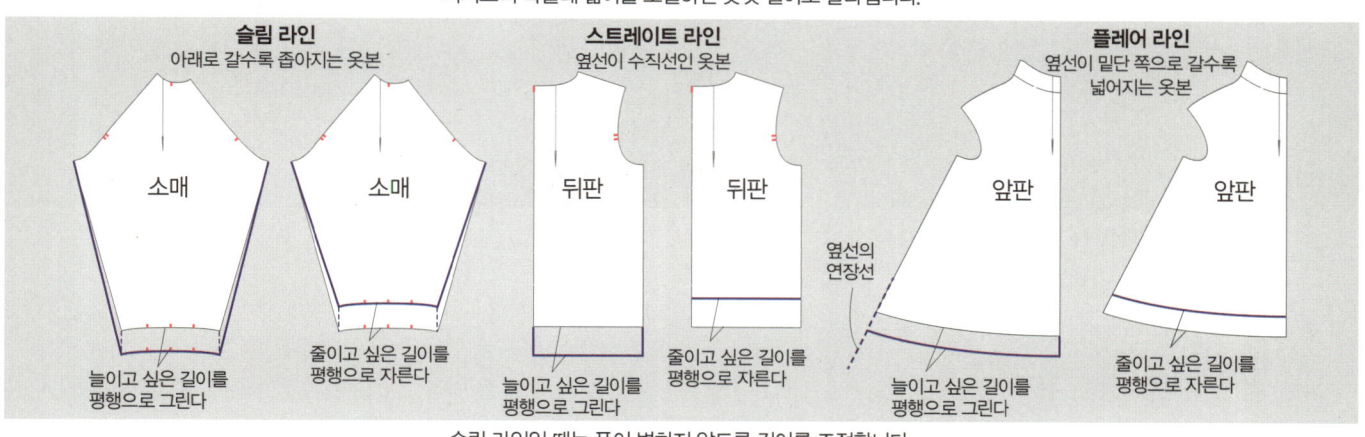

슬림 라인일 때는 폭이 변하지 않도록 길이를 조절합니다.

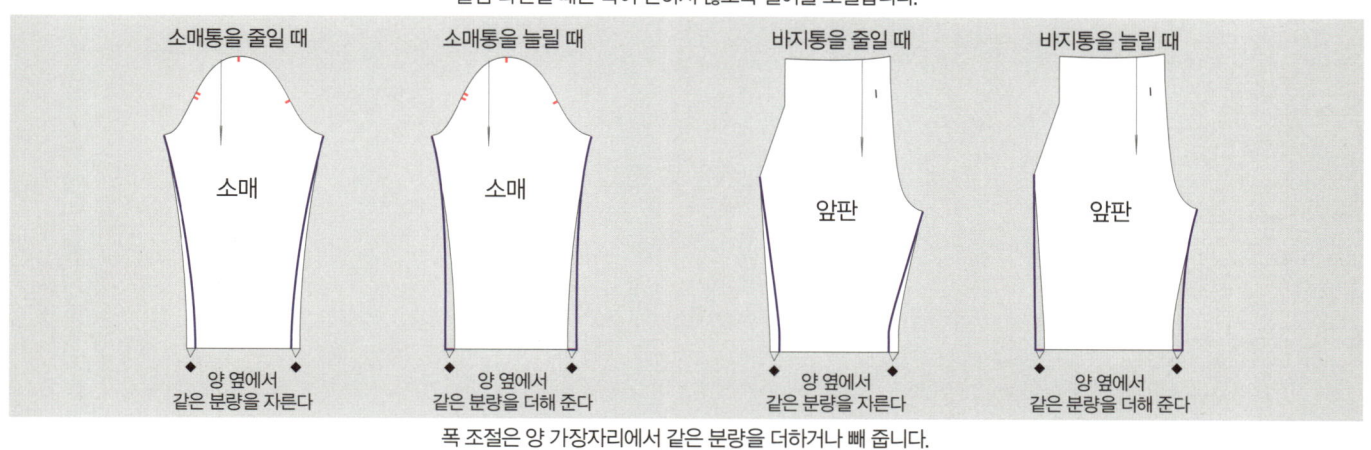

폭 조절은 양 가장자리에서 같은 분량을 더하거나 빼 줍니다.

Part 9

Flared Tops
플레어 블라우스

배나 엉덩이를 가리려고 튜닉 스타일 상의만 고르지는 않았나요?

몸매를 신경쓰지 않으면서도 화사하고

고급스러운 느낌이 나는 상의가 한 벌 있으면 유용하지요.

오버록 재봉에 사용하는 소재의 장점을 살려서

차분한 스타일의 플레어 블라우스를 만들어 보세요.

17

| 긴소매 플레어 블라우스 |

보틀넥처럼 조금 올라온 목둘레와 밑
단으로 갈수록 느슨하게 퍼지는 플레
어 몸판이 세련된 풀오버 스타일 블라
우스입니다. 편한 청바지나 형태가 단
순한 바지만 받쳐 입어도 멋진 코디네
이션이 완성됩니다.

사 이 즈 | S~3L
만드는 법 | P.68

사용한 옷감
양면 니트

추천 소재
양면 니트나 평직 니트 등 얇은 옷감에서부
터 중간 두께 옷감을 추천합니다. 플레어 모
양이 예쁘게 나오려면 어느 정도 올이 촘촘
하고 두께 있는 옷감이 좋습니다.

18

| 민소매 플레어 블라우스 |

17에서 소매를 생략하여 민소매로 만들었습니다. 어깨에 살짝 걸리는 진동둘레 라인이 팔을 가늘어 보이게 합니다. 뒤쪽이 내려간 실루엣은 엉덩이둘레를 살짝 가려 주어서 편안하게 입을수 있어요.

사 이 즈 | S~3L
만드는 법 | P.67

사용한 옷감
양면 니트

추천 소재
얇은 옷감에서부터 중간 두께 옷감을 추천합니다. 옷감이 어느 정도 힘이 있느냐에 따라서 실루엣이 달라지고 광택에 따라 색의농담 변화도 즐길 수 있습니다.

실물 크기 옷본 C면

옷감을
마름질하는 법
(M사이즈)

※실물 크기 옷본은 따로 시접을 둘 필요가 없다.
● 은 옷본에 포함된 시접분이며 따로 지시가 없는 곳은 시접분 1cm 포함.

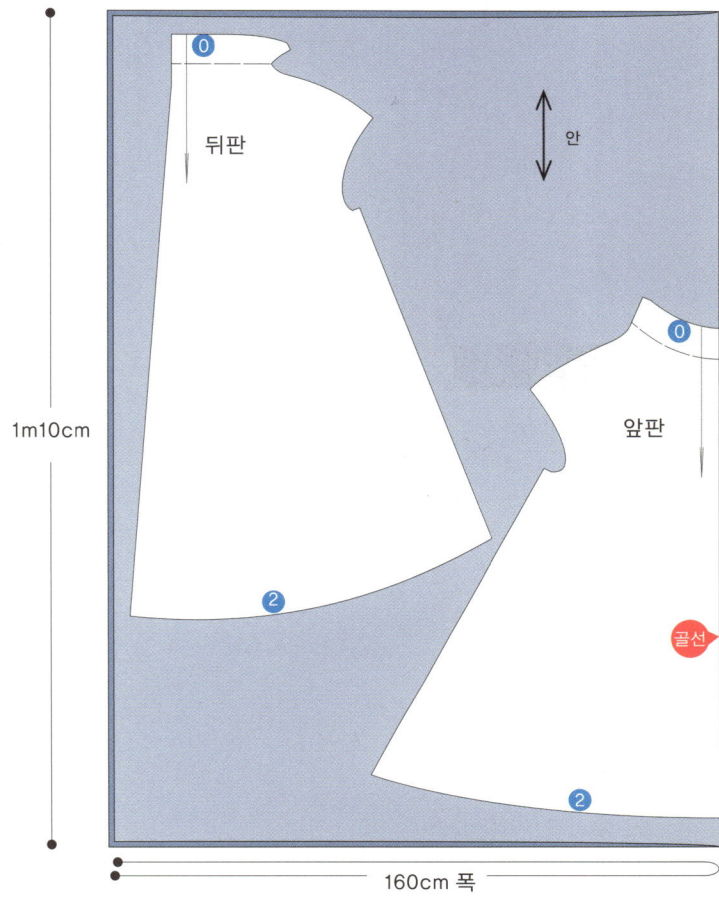

사이즈	완성 치수(cm)			옷감 필요량
	전체 길이	가슴둘레	뒤목점~소매 끝 길이	160cm 폭
S	68	86.5	23	1m10cm
M	70	93	24.5	1m10cm
L	72.5	99.5	26	1m30cm
2L	74.5	106	28	1m50cm
3L	76.5	112.5	29.5	1m50cm

각 사이즈 공통 재료
• 늘어남 방지 테이프 9mm 폭 약 60cm

포인트

· 옷본은 민소매용 진동둘레를 옮겨 그립니다.

· 소맷부리가 늘어나지 않도록 늘어남 방지 테이프를 붙이면 어깨를 살짝 감싸는 모양으로 완성됩니다.

· 옷깃의 구조상 어깨 시접을 앞판 쪽으로 넘기기 때문에 앞판 어깨선에 늘어남 방지 테이프를 붙입니다.

만드는 순서

1. 옷감을 마름질한다 (옷감을 마름질하는 법)
2. 앞판 어깨선에 늘어남 방지 테이프를 붙인다 (P.68-1)
3. 앞판 목둘레선에 오버록한다 (P.68-2)
4. 뒤판 중심선을 박는다 (P.68-3)
5. 뒤판 목둘레선에 오버록한다 (P.68-4)
6. 몸판 밑단에 오버록한다 (P.68-5)
7. 어깨선을 박는다 (P.68-6)
8. 소맷부리·옆선을 박는다 (아래)
9. 밑단을 박는다 (P.69-9)
10. 뒤판 목둘레선을 박는다 (P.69-11)

8 | 소맷부리·옆선을 박는다

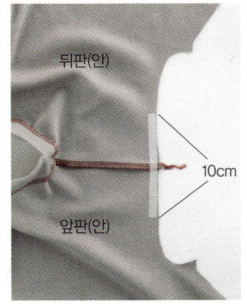

① 진동둘레의 어깨선 솔기를 중심으로 10cm 정도에 늘어남 방지 테이프를 붙인다.

② 겉을 위로 오게 놓고 오버록한다. 안쪽 곡선은 가장자리가 직선이 되도록 잡고 박는다(P.9-A, P.43-I).

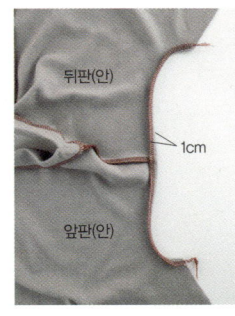

③ 진동둘레 시접을 1cm 접는다.

④ 앞판과 뒤판을 겉끼리 맞대고 뒤판을 위로 오게 해서 옆선을 오버록한다(P.10-B).

① 진동둘레 시접을 ③의 접음선에서 접고 오버록 위를 직선박기한다.
※재봉실은 P.11-9 III·IV에서 고른다.

실물 크기 옷본 C면

※실물 크기 옷본은 따로 시접을 둘 필요가 없다.

● 은 옷본에 포함된 시접분이며 따로 지시가 없는 곳은 시접분 1㎝ 포함.
── 는 맞춤 표시로 약 3mm 가위집을 넣는다.

옷감을 마름질하는 법
（M사이즈）

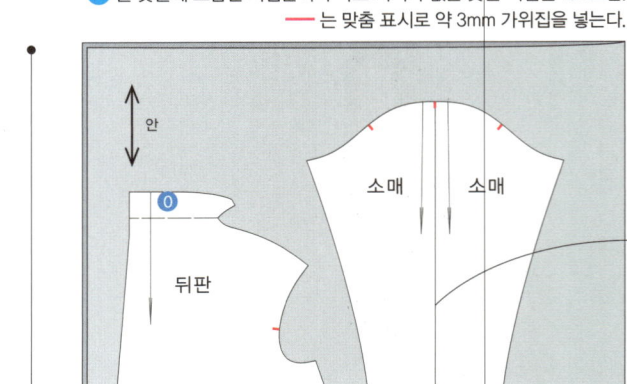

소매무릎에서 좌우대칭이 되도록 옷본을 옮겨 그린다

사이즈	완성 치수(cm)			옷감 필요량
	전체 길이	가슴둘레	뒤목점~소매 끝 길이	160㎝ 폭
S	68	98	70	1m30cm
M	70	105	73	1m30cm
L	72.5	115	76	1m40cm
2L	74.5	120	79.5	1m70cm
3L	76.5	127.5	82.5	1m80cm

각 사이즈 공통 재료
• 늘어남 방지 테이프 9mm 폭 약 40cm

포인트

옷깃의 구조상 어깨 시접을 앞판 쪽으로 넘기기 때문에 앞판 어깨선에 늘어남 방지 테이프를 붙입니다.

1m30cm

160cm 폭

---

1 | 앞판 어깨선에 늘어남 방지 테이프를 붙인다

앞판 어깨선에 늘어남 방지 테이프를 붙인다.

2 | 앞판 목둘레선에 오버록한다

오버록

오버록 앞판의 겉을 위로 오게 놓고 목둘레선에 오버록 한다.
(P.9-A)

3 | 뒤판 중심선을 박는다

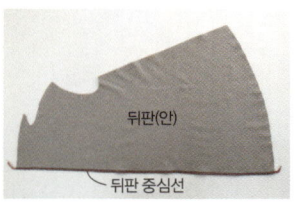

① 좌우 뒤판을 겉끼리 맞대고 뒤판 중심선을 오버록한다.
(P.10-B)

② 뒤판 중심선 시접을 다려서 오른쪽 뒤판 쪽으로 넘긴다.

---

4 | 뒤판 목둘레선에 오버록한다

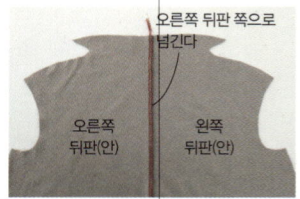

오버록 ① 뒤판의 겉이 위로 오게 놓고 목둘레선에 오버록 한다(P.9-A).

② 어깨선 끝이 딱 맞도록 목둘레선 시접을 다려서 접는다.

5 | 몸판의 밑단에 오버록한다

오버록 앞판과 뒤판의 밑단을 겉을 위로 오게 놓고 오버록한다(P.9-A).

※ P.69-9에서 커버스티치를 선택할 때는 오버록하지 않는다.

6 | 어깨선을 박는다

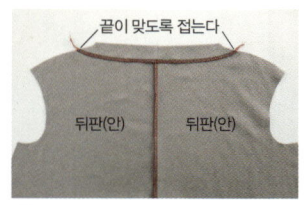

① 앞판과 뒤판을 겉끼리 맞대고 어깨선을 시침 클립으로 고정한다.

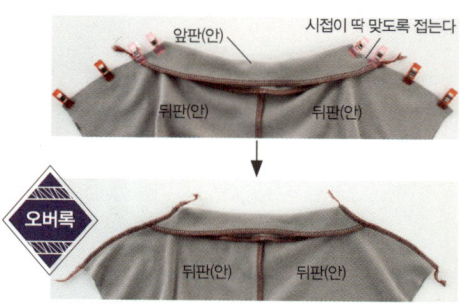

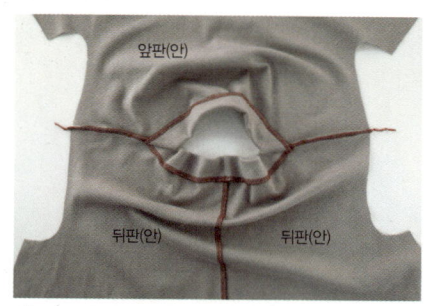

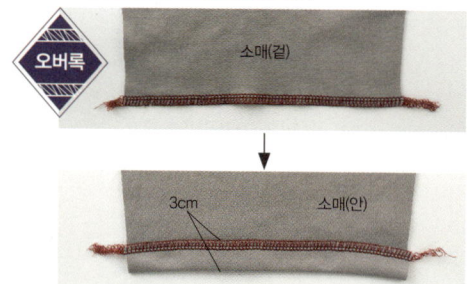

오버록 / 소매(겉) / 소매(안) / 3cm

② 뒤판 목둘레선을 따라서 앞판 목둘레선을 접는다. 앞판 목둘레선 끝도 딱 맞춰서 고정한다. 어깨선을 오버록한다(P.10−B).

③ 앞판 목둘레선을 겉으로 뒤집고, 어깨선 시접을 다려서 앞판 쪽으로 넘긴다. 앞판 목둘레선 시접은 다리지 않는다.

① 소매의 겉이 위로 오게 놓고 소맷부리에 오버록한다(P.9−A). 소맷부리 시접을 3cm 접는다.
※ 10에서 커버스티치를 선택할 때는 오버록하지 않는다.

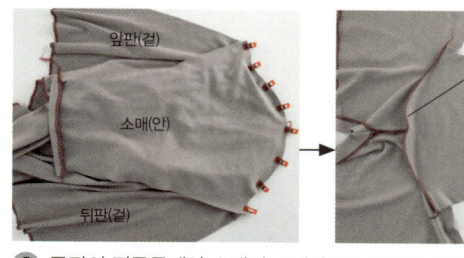

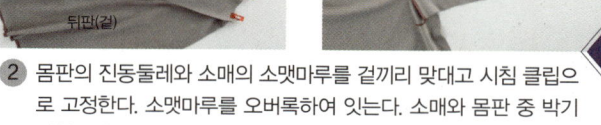

8 | 소매 옆선에서부터 몸판 옆선까지 박는다

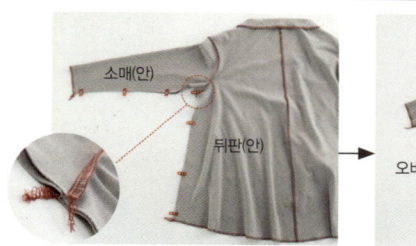

② 몸판의 진동둘레와 소매의 소맷마루를 겉끼리 맞대고 시침 클립으로 고정한다. 소맷마루를 오버록하여 잇는다. 소매와 몸판 중 박기 편한 쪽을 위로 오게 놓고 박는다(P.10−B·C·D).

① 앞판과 뒤판, 소매의 소매 옆선을 겉끼리 맞댄다. 겨드랑이 부분의 시접은 서로 엇갈리게 넘긴다. 소매 옆선에서부터 몸판 옆선까지 오버록한다(P.10−B·D).

9 | 밑단을 박는다

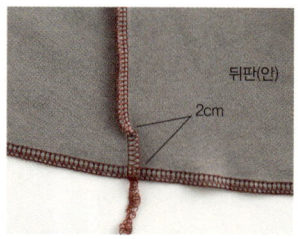

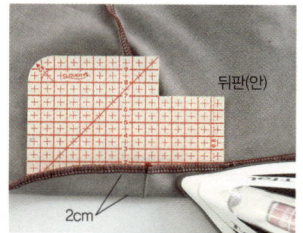

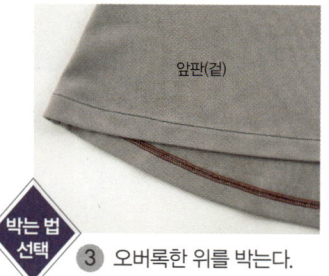

10 | 소맷부리를 박는다

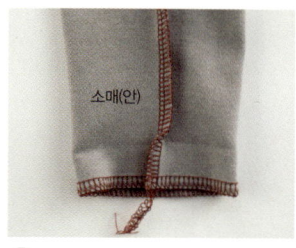

① 옆선의 밑단에서부터 2cm 위치에서 시접을 비틀고 다려서 넘긴다.

② 시접을 2cm 접는다.

③ 오버록한 위를 박는다.
※ 박는 법과 재봉실은 P.11−9 Ⅰ~Ⅳ에서 고른다.

① 소매 옆선의 소맷부리 접음선에서 시접을 비틀고 다려서 넘긴다.

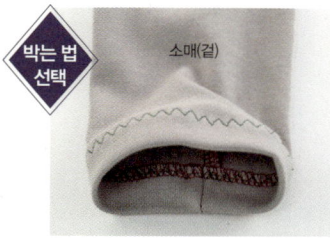

10 | 뒤판 목둘레선을 손바느질한다

② 소맷부리 시접을 접음선에서 접고 오버록한 위를 박는다.
※ 박는 법과 재봉실은 P.11−9 Ⅰ~Ⅲ에서 고른다.

뒤판 목둘레선 시접을 뒤판 중심선 솔기에 손바느질로 꿰매어 고정한다. 실은 재봉실을 사용한다.

앞 / 뒤

한 벌만 입어도 좋고, 다른 옷과 겹쳐 입기도 편한 터틀넥 풀오버.

"이런 옷도 만들 수 있다고?!" 라고 놀랄 수도 있겠지만

의외로 간단히 만들 수 있으니 도전해 보세요.

몸에 딱 맞게 입고 싶으면 하나 아래 사이즈를,

넉넉한 느낌으로 입으려면 제 사이즈를 고르는 것이 좋습니다.

19

| 긴소매 터틀넥 |

가는 골이 있는 니트 옷감으로 만들어서 스웨터 느낌이 나는 긴소매 터틀넥. 몸에 조금 붙는 느낌의 옷인 만큼 목 부분에는 여유를 주었습니다. 날씬하게 보이면서도 목을 조이지 않아서 갑갑하지 않습니다. 조금 긴 듯한 소매는 그대로 입어도 좋고 1번 접어서 커프스 느낌을 내도 어울립니다.

사 이 즈 | S~3L

만드는 법 | P.74

사용한 옷감
울 골지 니트

추천 소재
울 니트 소재라면 스웨터 느낌으로, 면 쭈리나 기모 소재라면 캐주얼한 느낌의 옷이 됩니다.

20

| 민소매 터틀넥 |

19에서 소매와 목 부분을 좁게 바꿔서 만든 민소매 풀오버입니다. 실루엣이 간결해서 재킷 속에 받쳐 입어도 좋습니다. 밑단은 하의 위에 꺼내서 입어도 좋고 안에 넣어서 입어도 예쁘답니다.

사 이 즈 | S~3L

만드는 법 | P.73

사용한 옷감
플리츠 면

추천 소재
착용감이 좋은 면 소재 니트 옷감을 추천합니다. 너무 얇은 옷감으로 만들면 자칫 속옷처럼 보이니 중간 두께에 힘이 있는 옷감을 사용해서 깔끔한 실루엣으로 완성합니다.

실물 크기 옷본 C면

사이즈	완성 치수(cm)			옷감 필요량
	전체 길이	가슴둘레	어깨너비	45cm W 폭
S	58	81.5	31.5	1m
M	60	88	34	1m20cm
L	62	94	36	1m40cm
2L	64	100.5	38.5	1m50cm
3L	66	107	41	1m60cm

각 사이즈 공통 재료
• 늘어남 방지 테이프 9mm 폭 약 30cm

옷감을 마름질하는 법
(M사이즈)

※실물 크기 옷본은 따로 시접을 둘 필요가 없다.
🔵은 옷본에 포함된 시접분이며
따로 지시가 없는 곳은 시접분 1cm 포함.
━ 는 맞춤 표시로 약 3mm 가위집을 넣는다.

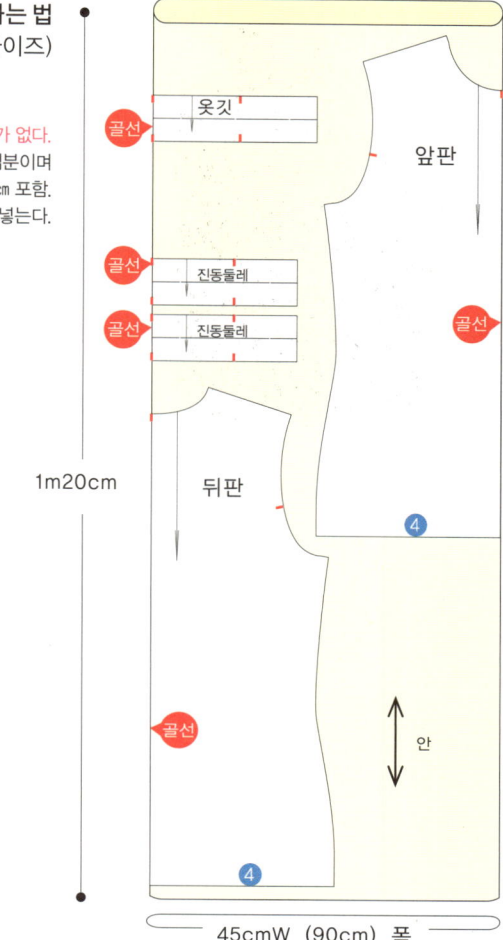

만드는 순서

1. 옷감을 마름질한다 (옷감을 마름질하는 법)
2. 늘어남 방지 테이프를 붙인다 (P.74-2)
3. 진동둘레를 만든다 (아래)
4. 어깨선·옆선을 박는다 (아래)
5. 진동둘레를 단다 (아래)
6. 밑단에 오버록한다 (P.74-1)
7. 밑단을 박는다 (P.75-7)
8. 옷깃을 만든다 (P.75-8)
9. 옷깃을 단다 (P.75-9)

---

3 | 진동둘레를 만든다

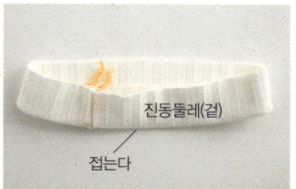

오버록 ① 진동둘레를 겉끼리 맞닿게 반으로 접어서 오버록한다.

② 솔기 가운데에서 시접을 비틀어서 넘긴다.

③ 진동둘레를 안끼리 맞닿게 반으로 접는다.

4 | 어깨선·옆선을 박는다

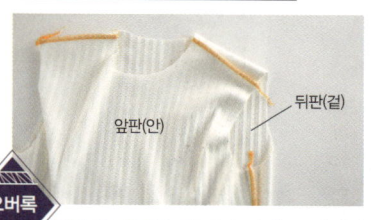

오버록 앞판과 뒤판을 겉끼리 맞대고 어깨선과 옆선을 오버록한다(P.10-B). 어깨선 시접을 다려서 뒤판 쪽으로 넘긴다.

---

5 | 진동둘레를 단다

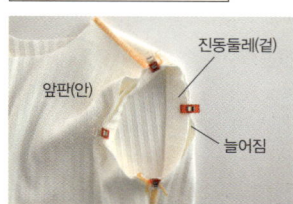

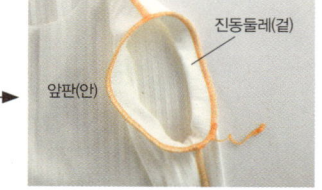

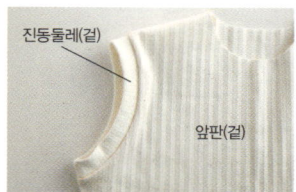

① 몸판과 진동둘레를 겉끼리 맞대고 맞춤 표시를 맞춘다. 몸판보다 진동둘레가 짧으므로 몸판이 늘어진다.

오버록 ② 노루발을 올리고 진동둘레가 위로 오게 놓고 겨드랑이 부분을 끼운다. 몸판의 늘어진 부분이 없어지도록 진동둘레를 늘이면서 1바퀴 돌아가며 오버록한다(P.11-E). 빈 사슬을 10cm 정도 남겨서 자르고 실을 처리한다(P.11-F).

③ 진동둘레를 세운다. 시접은 자연스럽게 몸판 쪽으로 넘어간다.

실물 크기 옷본 C면

옷감을 마름질하는 법
(M사이즈)

※실물 크기 옷본은 따로 시접을 둘 필요가 없다.
● 은 옷본에 포함된 시접분이며 따로 지시가 없는 곳은 시접분 1㎝ 포함.
── 는 맞춤 표시로 약 3mm 가위집을 넣는다.

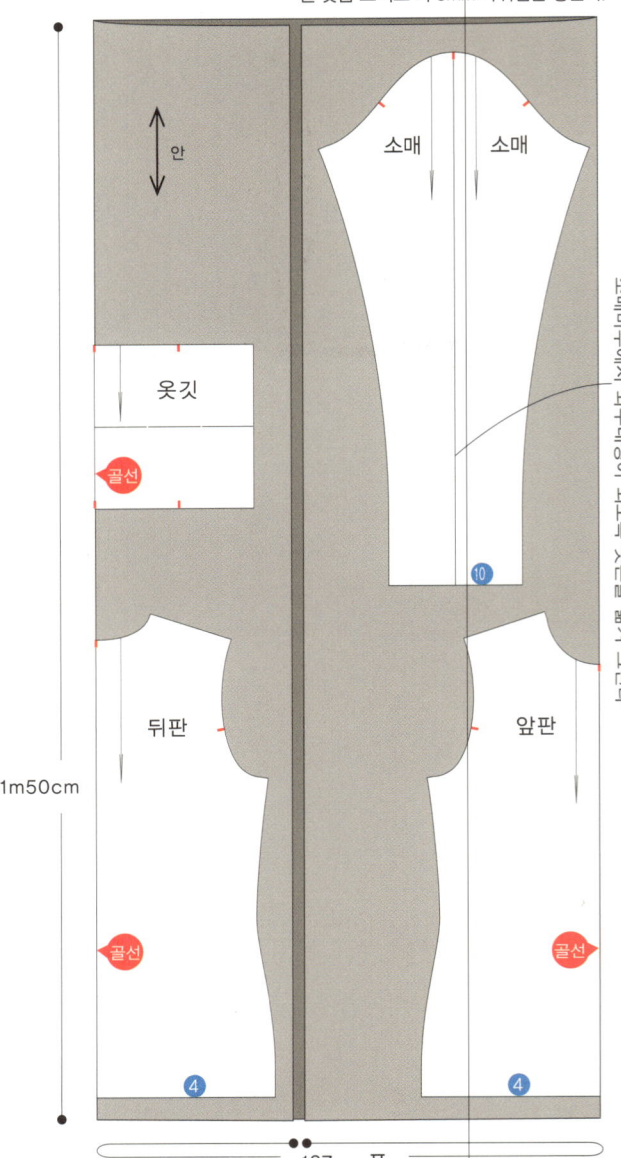

사이즈	완성 치수(cm)				옷감 필요량
	전체 길이	가슴둘레	어깨너비	소매 길이	137cm 폭
S	58	81.5	31.5	58.5	1m40cm
M	60	88	34	60.5	1m50cm
L	62	94	36	62.5	1m50cm
2L	64	100.5	38.5	64	1m60cm
3L	66	107	41	66	1m60cm

각 사이즈 공통 재료
• 늘어남 방지 테이프 9mm 폭 약 30cm

1 | 소맷부리와 밑단에 오버록한다

오버록
1 겉을 위로 오게 놓고 소
맷부리 가장자리에 오버
록한다(P.9–A).

오버록
2 겉을 위로 오게 놓고 앞판과 뒤판의
밑단 가장자리에 오버록한다.
(P.9–A) ※ 7에서 커버스티치를 선택
할 때는 오버록하지 않는다.

**2 | 늘어남 방지 테이프를
붙인다**

뒤판 어깨선에 늘어남 방지 테이프를
붙인다.

3 | 어깨선을 박는다

오버록
1 앞판과 뒤판을 겉끼리 맞대
고 어깨선을 오버록한다.
(P.10–B)

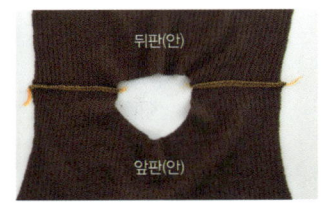

2 어깨선 시접을 다려서 뒤판 쪽으
로 넘긴다.

4 | 소매를 단다

1 몸판의 진동둘레와 소매의 소맷
마루를 겉끼리 맞대고 맞춤 표시
를 맞춘다.

5 | 소매 옆선에서부터 몸판 옆선까지 박는다

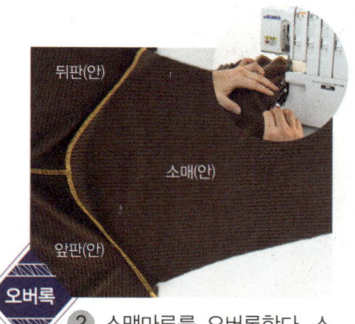

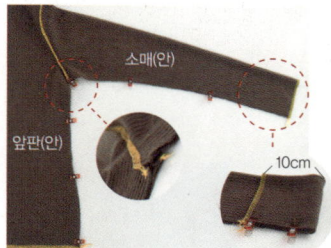

오버록

② 소맷마루를 오버록한다. 소매와 몸판 중 박기 쉬운 쪽을 위로 오게 놓고 박는다. (P.10-B·C·D)

① 앞판과 뒤판을 겉끼리 맞대고 가장자리를 맞춰서 시침 클립으로 고정한다. 겨드랑이 부분의 시접은 서로 엇갈리게 넘긴다. 소맷부리는 10cm 접는다.

오버록

② 소맷부리를 접은 상태로 소매 옆선에서부터 몸통 옆선까지 오버록한다. (P.10-B·D)

③ 소맷부리를 겉으로 뒤집는다.

6 | 소맷부리를 손바느질한다

가장자리를 손바느질한다. 솔기가 겉으로 나오지 않도록 느슨하게 감쳐준다. 실은 손바느질용 실이나 오버록한 실과 같은 실을 사용한다.

7 | 밑단을 박는다

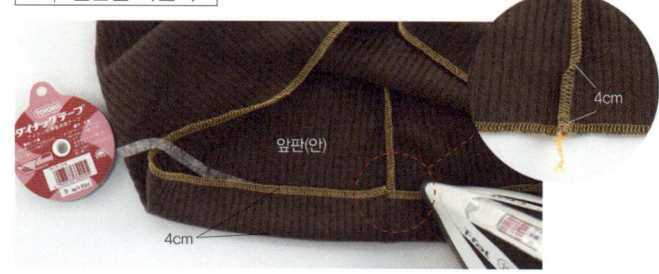

① 옆선 시접을 밑단에서부터 4cm 위치에서 비틀어 다려서 넘긴다. 밑단 시접을 다려서 4cm 접는다. 잘 늘어나는 옷감이므로 접착테이프로 접착하는 방법을 추천한다. ※ ② 에서 커버스티치를 선택할 때는 접착하지 않는다.

박는 법 선택

② 오버록한 위를 박는다.
※ 박는 법과 재봉실은 P.11-9 Ⅰ~Ⅲ에서 고른다.

8 | 옷깃을 만든다

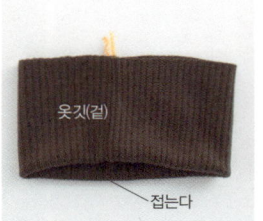

9 | 옷깃을 단다

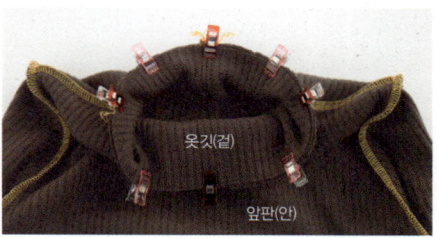

오버록

① 옷깃을 겉끼리 맞닿게 반으로 접어서 오버록한다(P.10-B).

② 솔기 가운데에서 시접을 비틀고 다려서 서로 엇갈리게 넘긴다.

③ 안끼리 맞닿게 반으로 접는다. 다리지 말고 살짝 뜬 상태로 둔다.

① 몸판과 옷깃을 겹치고 뒤중심에 옷깃 솔기가 오도록 맞춤 표시를 고정한다. 옷깃보다 몸판의 목둘레선이 길기 때문에 늘어지는 부분이 고르게 되도록 맞춤 표시 사이를 고정한다.

8 | 옷깃을 만든다

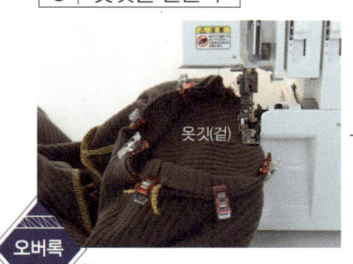

오버록

② 노루발을 올리고 왼쪽 목둘레선 부분을 단단히 끼운다. 목둘레선을 1바퀴 돌아가며 오버록한다(P.11-E). 실을 처리한다(P.11-F).

완성

앞

뒤

Part 11

Dolman T-shirt
돌먼 티셔츠

돌먼소매는 몸판과 소매가 하나로 되어 있습니다.

적당하게 부피감 있는 실루엣으로

여성스러운 분위기를 연출할 수 있습니다.

소매를 따로 달지 않기 때문에

쉽게 만들 수 있는 것도 돌먼 소매의 매력 중 하나지요.

한 벌 또 한 벌, 마음 가는 대로 만들어 보세요.

21

| 프렌치 돌먼 티셔츠 |

여성스러운 라인이 매력적인 돌먼 소매 티셔츠. 프렌치 소매라서 어깨의 가장 굵은 부분을 가려 주어 날씬해 보입니다. 밑단으로 가면 타이트해지는 라인이 정돈된 분위기를 내 주지요.

사 이 즈 | S~3L

만드는 법 | P.79

사용한 옷감
면 물방울 평직 니트

추천 소재
평직 니트나 양면 등 얇은 옷감에서부터 중간 두께 니트 옷감이 좋습니다. 따뜻한 니트 옷감을 사용하면 가을·겨울에 겹쳐 입는 스타일에도 어울립니다.

22

| 긴소매 돌먼 티셔츠 |

21의 소매를 길게 만든 긴소매 티셔츠. 소맷부리로 갈수록 오므라지는 디자인이라서 걷어 올리면 딱 팔꿈치 아래에서 소매가 고정되고 소매에 부피감이 생겨서 세련된 느낌이 더해집니다. 하의는 단정한 디자인이 좋습니다.

사 이 즈 | S~3L ➡

만드는 법 | P.79 ➡

사용한 옷감 ▷
면 줄무늬 평직 니트

추천 소재 ▷
얇은 옷감에서부터 중간 두께 니트 옷감이 좋습니다. 부드러운 고급 옷감으로 만들면 깔끔한 느낌이 납니다. 평직 니트나 양면을 사용하면 캐주얼한 분위기의 티셔츠가 되지요.

실물 크기 옷본 A면   실물 크기 옷본 A면

옷감을 마름질하는 법(M사이즈)

21

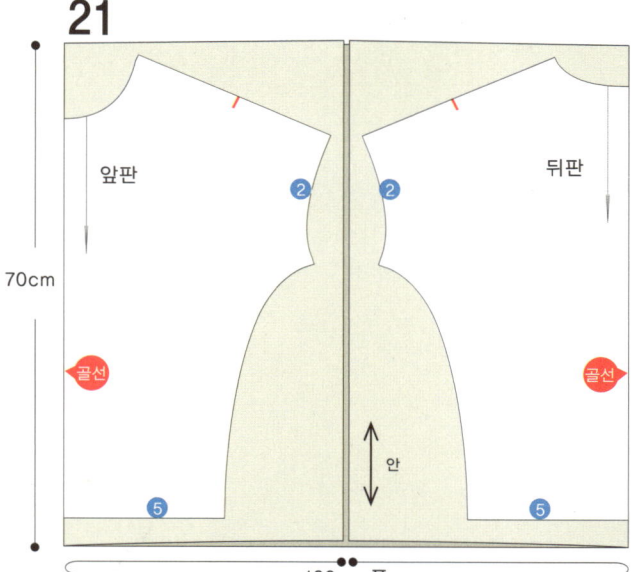

앞판   뒤판

70cm

골선   골선

안

160cm 폭

사이즈	완성 치수(cm)			옷감 필요량
	전체 길이	가슴둘레	뒤목점~소매 끝 길이	160cm 폭
S	57.5	91.5	36	70cm
M	59.5	99	37.5	70cm
L	61	107	39.5	1m10cm
2L	63	115	41.5	1m40cm
3L	65	123	43.5	1m50cm

각 사이즈 공통 재료
• 늘어남 방지 테이프 9mm 폭 약 1m

사이즈	완성 치수(cm)			옷감 필요량
	전체 길이	가슴둘레	뒤목점~소매 끝 길이	175cm 폭
S	57.5	120.5	71	1m40cm
M	59.5	126	74	1m50cm
L	61	132	77	1m50cm
2L	63	137	80	1m50cm
3L	65	143	83.5	1m60cm

각 사이즈 공통 재료
• 늘어남 방지 테이프 9mm 폭 약 1m

포인트

• 앞판과 뒤판은 같은 옷본입니다. 목둘레선이 다르니 옮겨 그릴 때 주의하세요.

• 21은 프렌치 소매선, 22는 긴소매선을 옮겨 그립니다.

22

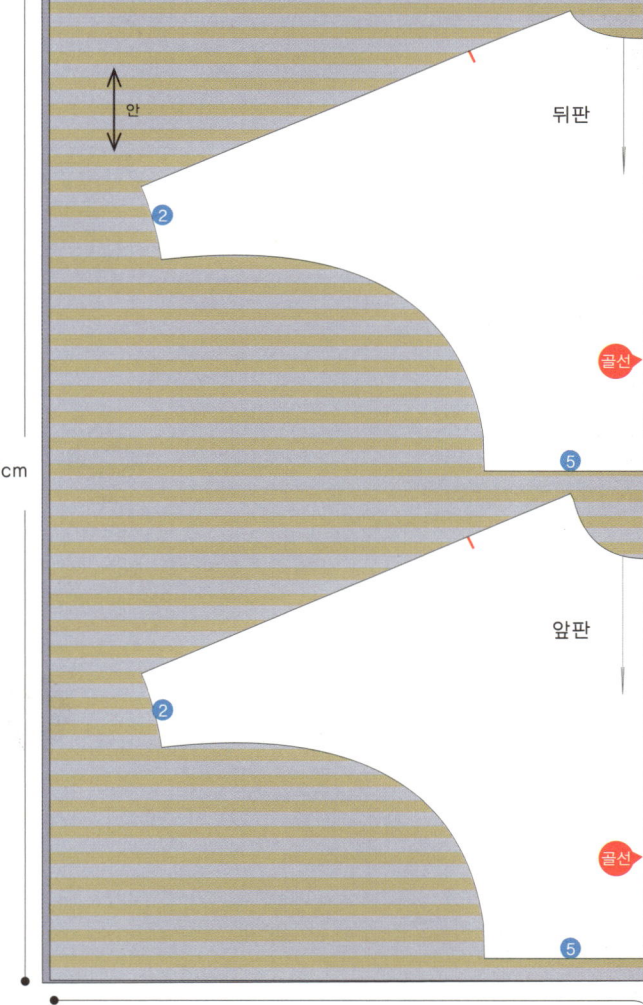

안   뒤판

1m50cm   골선

앞판

골선

175cm 폭

※실물 크기 옷본은 따로 시접을 둘 필요가 없다.
🔵은 옷본에 포함된 시접분이며 따로 지시가 없는 곳은 시접분 1cm 포함.
— 는 맞춤 표시로 약 3mm 가위집을 넣는다.

1 | 늘어남 방지 테이프를 붙인다

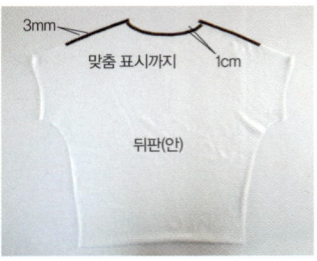

3mm
맞춤 표시까지　1cm
뒤판(안)

① 뒤판 어깨선과 목둘레선에 늘어남 방지 테이프를 붙인다.

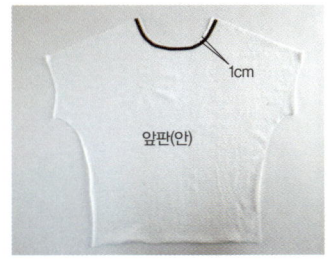

1cm
앞판(안)

② 앞판 목둘레선에 늘어남 방지 테이프를 붙인다.

2 | 목둘레선과 밑단 시접을 접는다

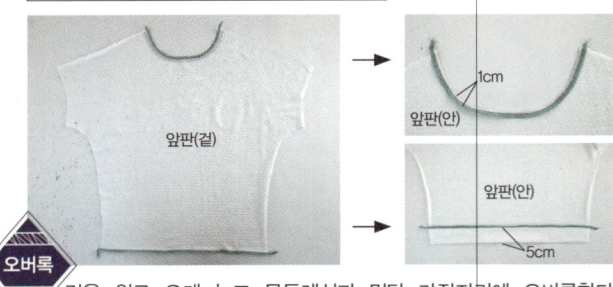

앞판(겉)　앞판(안)　1cm　앞판(안)　5cm

오버록 겉을 위로 오게 놓고 목둘레선과 밑단 가장자리에 오버록한다 (P.9-A). 목둘레선 시접은 차동 조절(P.81·82) 기능을 이용해서 살짝 늘어나는 느낌으로 박는다. 목둘레선과 밑단 시접을 접는다. 뒤판도 같다. ※ 4와 8에서 커버스티치를 선택할 때는 오버록하지 않는다.

3 | 어깨선을 박는다

뒤판(겉)　접음선은 벌려서 박는다
앞판(안)

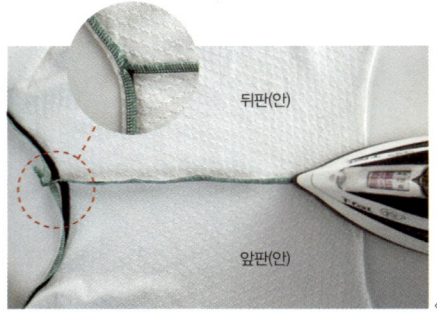

뒤판(안)
앞판(안)

오버록 ① 앞판과 뒤판을 겉끼리 맞대고 어깨선을 오버록한다(P.10-B).

② 어깨선 시접을 다려서 뒤판 쪽으로 넘긴다. 목둘레선 접음선을 정리한다.

4 | 목둘레선을 박는다

앞판(겉)

박는 법 선택 오버록한 위를 박는다. ※ 박는 법과 재봉실은 P.11-9 Ⅰ~Ⅲ에서 고른다.

5 | 소맷부리 시접을 접는다

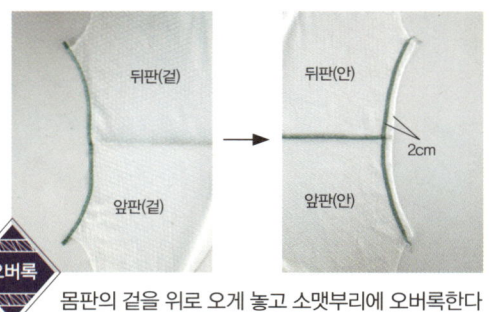

뒤판(겉)　뒤판(안)　2cm
앞판(겉)　앞판(안)

오버록 몸판의 겉을 위로 오게 놓고 소맷부리에 오버록한다 (P.9-A). 시접을 다려서 2cm 접는다.
※ 7에서 커버스티치를 선택할 때는 오버록하지 않는다.

6 | 옆선을 박는다

뒤판(겉)
앞판(안)
접음선은 벌려서 박는다

오버록 앞판과 뒤판을 겉끼리 맞대고 옆선을 오버록한다(P.9-B·C·D).

7 | 소맷부리를 박는다

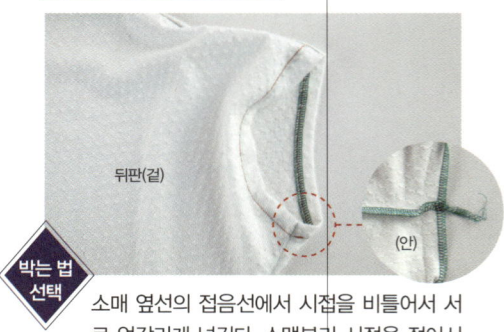

뒤판(겉)
(안)

박는 법 선택 소매 옆선의 접음선에서 시접을 비틀어서 서로 엇갈리게 넘긴다. 소맷부리 시접을 접어서 박는다. ※ 박는 법과 재봉실은 P.11-9 Ⅰ~Ⅲ에서 고른다.

8 | 밑단을 박는다

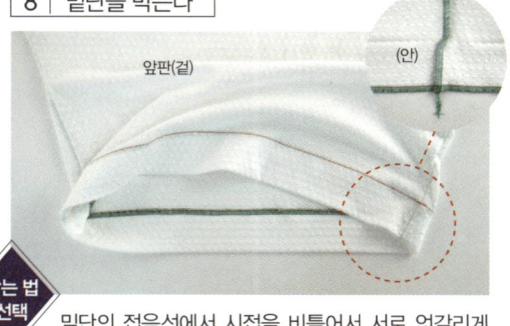

앞판(겉)
(안)

박는 법 선택 밑단의 접음선에서 시접을 비틀어서 서로 엇갈리게 넘긴다. 밑단 시접을 접어서 박는다. ※ 박는 법과 재봉실은 P.11-9 Ⅰ~Ⅲ에서 고른다.

완성

앞

뒤

오버록 재봉틀
기본 설정

이 책에서는 옷감을 박아서 이을 때 바늘 2개 실 4개짜리 오버록 재봉틀을 사용하여 만드는 법을 소개합니다. 오버록 재봉틀은 옷감의 가장자리 처리와 여러 장을 잇는 작업을 동시에 할 수 있는 재봉틀입니다. 늘어나는 성질이 있는 니트 옷감(편물)을 깔끔하게 이을 수 있고 바늘땀이 늘어나기 때문에 니트 소재의 옷을 만들 때는 오버록 재봉틀이 꼭 필요합니다. 책에 실린 작품을 만들 때 사용한 오버록 재봉틀 설정을 소개합니다.

재봉틀 바늘

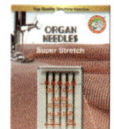

오버록 재봉틀은 직물의 시접 처리에도 사용하기 때문에 부속품으로 들어 있는 재봉틀 바늘이 니트용이 아닐 수도 있습니다. 그럴 때는 니트 옷감의 실이 끊어지지 않도록 끝이 뭉툭한 니트용 바늘을 사용합니다. 책에서 소개한 니트 옷감에는 11호 바늘을 사용했습니다.

실

60번

90번

오버록 재봉틀에 사용하는 실은 60번 니트 전용 재봉실을 추천합니다. 얇은 니트 옷감일 때는 90번 오버록 재봉실(킹스펀, 하이스펀)을 써도 좋습니다. 같은 실이 4개 없을 때는 색이 다르거나 굵기가 다른 실을 대신 써도 OK. 왼쪽 바늘 실과 위 루퍼 실은 다른 실보다 더 옷감 색에 가까운 색깔 실을 사용하세요. 샤페스펀을 대신 쓸 수도 있습니다.

JANOME

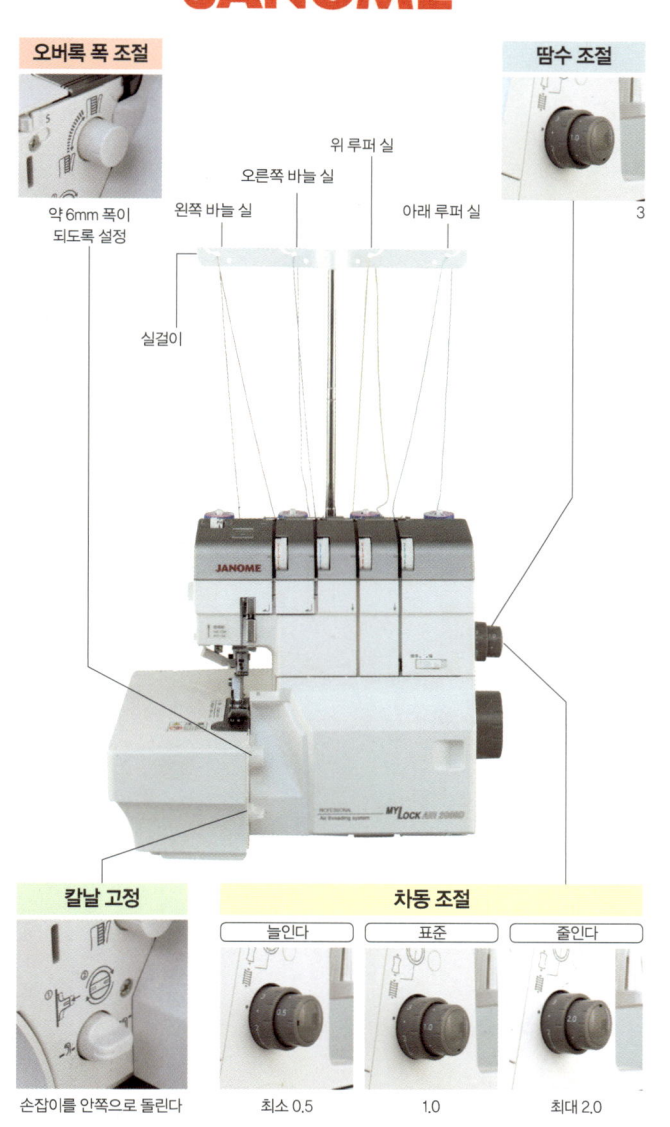

오버록 폭 조절

약 6mm 폭이 되도록 설정

실걸이

왼쪽 바늘 실
오른쪽 바늘 실
위 루퍼 실
아래 루퍼 실

땀수 조절

3

칼날 고정

손잡이를 안쪽으로 돌린다

차동 조절

늘인다	표준	줄인다
최소 0.5	1.0	최대 2.0

JUKI

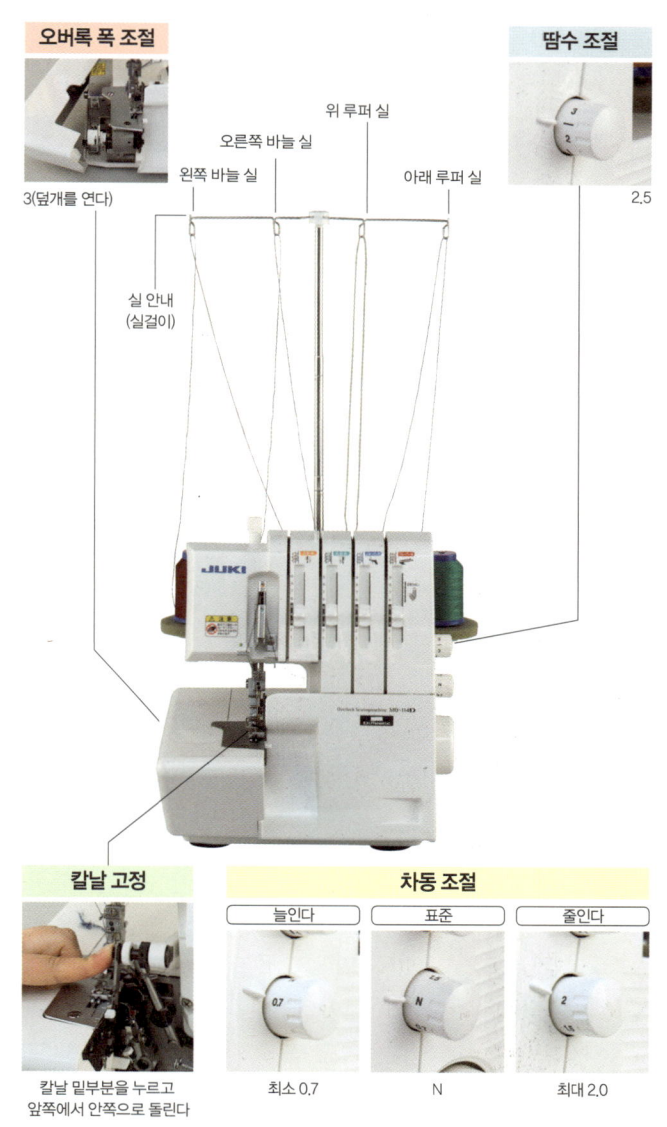

오버록 폭 조절

3(덮개를 연다)

실 안내
(실걸이)

왼쪽 바늘 실
오른쪽 바늘 실
위 루퍼 실
아래 루퍼 실

땀수 조절

2.5

칼날 고정

칼날 밑부분을 누르고 앞쪽에서 안쪽으로 돌린다

차동 조절

늘인다	표준	줄인다
최소 0.7	N	최대 2.0

오버록 재봉틀의 실 교환 (막매듭)

실을 교환할 때는 다 사용한 실을 빼지 말고 실걸이 근처에서 자른 뒤에 새로 사용할 실을 묶으면 편하게 교환할 수 있습니다. 이때 막매듭으로 묶으면 잘 풀리지 않고 매듭이 작게 생겨서 바늘귀도 통과할 때가 많습니다. 혹시 매듭이 바늘귀를 통과하지 못하는 경우도 있으니, 재봉틀 바늘에 부담이 가지 않도록 바늘귀를 지켜보면서 실 4개를 모두 새 실로 교환할 때까지 자투리 옷감에 시험 삼아 박아 봅니다.

① 빨간 실 뒤쪽에서 파란 실을 겹치고, 왼손 엄지손가락과 집게손가락으로 실 교차점을 잡는다.

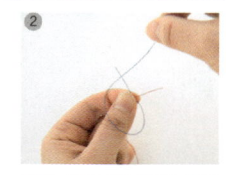

② 파란 실의 밑부분을 들어 올려 고리를 만들어서 파란 실 끝의 뒤쪽으로 돌린다.

③ 이어서 빨간 실 끝의 앞쪽으로 파란 실을 돌린다.

④ 빨간 실 끝을 접어서 왼손 엄지손가락으로 누른다.

※ P.82에 계속됩니다.

오버록 폭 조절

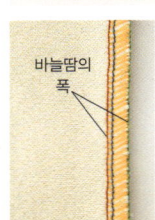

바늘땀의 폭

바늘땀의 폭을 조절하는 기능. 6~7mm 폭이 되도록 설정합니다.

땀수 조절

바늘땀 간격이 촘촘한 정도

바늘땀 간격이 촘촘한 정도를 조절하는 기능. 해당 재봉틀의 표준 땀수로 사용합니다.

차동 조절

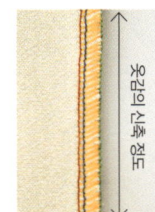

옷감의 신축 정도

옷감의 신축 정도를 조절하는 기능. 해당 재봉틀의 표준 설정으로 사용합니다. 단, 본 작업 전에 미리 자투리 옷감에 박아 보고, 옷감이 늘어나면 줄이는 쪽으로, 옷감이 줄어들면 늘이는 설정으로 미세 조정하여 사용합니다.

칼날 고정

오버록 재봉틀에는 칼날이 붙어 있어서 옷감 가장자리를 잘라 내며 박을 수 있습니다. 가장자리를 자를 필요가 없는 과정에서는 칼날이 작동하지 않도록 고정할 수 있습니다.

---

brother

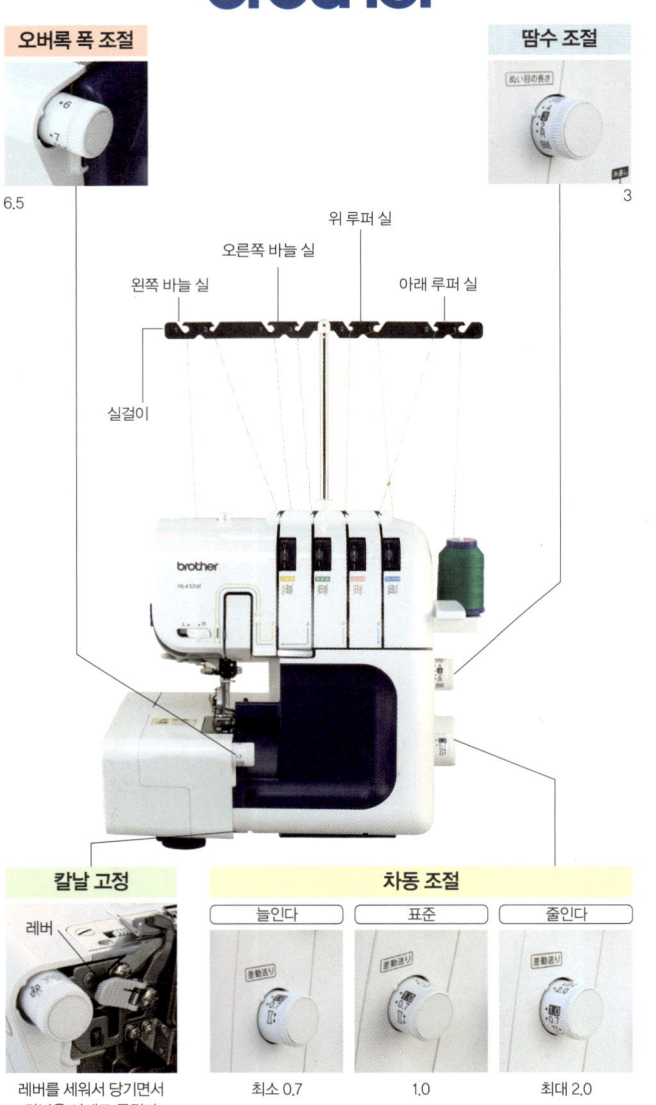

오버록 폭 조절 — 6.5
땀수 조절 — 3

실걸이 / 왼쪽 바늘 실 / 오른쪽 바늘 실 / 위 루퍼 실 / 아래 루퍼 실

칼날 고정
레버
레버를 세워서 당기면서 칼날을 아래로 돌린다

차동 조절

늘인다	표준	줄인다
최소 0.7	1.0	최대 2.0

---

baby lock®

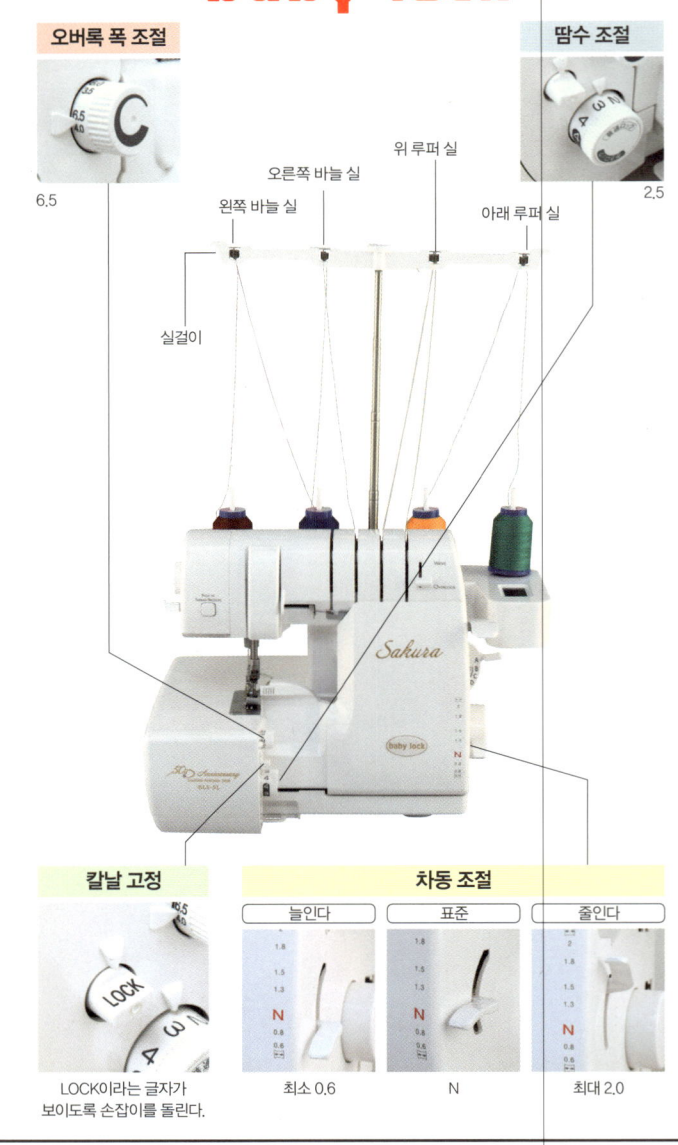

오버록 폭 조절 — 6.5
땀수 조절 — 2.5

실걸이 / 왼쪽 바늘 실 / 오른쪽 바늘 실 / 위 루퍼 실 / 아래 루퍼 실

칼날 고정
LOCK이라는 글자가 보이도록 손잡이를 돌린다.

차동 조절

늘인다	표준	줄인다
최소 0.6	N	최대 2.0

오버록 재봉틀의 실 교환 (막매듭) ※ P.81에서 이어집니다.

⑤ 오른손 집게와 엄지손가락으로 파란 실 끝을 잡고 새끼손가락에 실 밑부분을 걸어서 양쪽으로 동시에 당긴다.

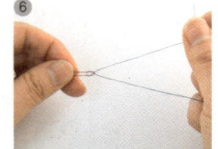

⑥ 빨간 실과 파란 실이 깔끔하게 묶이도록 왼손과 오른손으로 실을 당겨서 조인다.

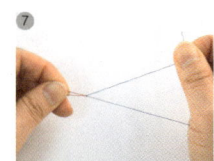

⑦ 매듭이 작아지고 어느 실을 당겨도 매듭이 움직이지 않게 묶이면 OK. 이때 매듭이 움직이면 다시 묶는다.

바늘땀 푸는 법

① 오른쪽 바늘 실(파랑)을 송곳으로 끌어올려서 빼낸다.

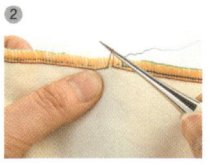

② 왼쪽 바늘 실(빨강)을 송곳으로 끌어올려서 빼낸다.

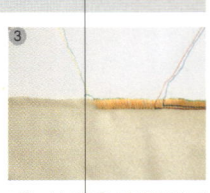

③ 바늘 실 2줄을 빼내면 위 루퍼 실(노랑)과 아래 루퍼 실(초록)을 풀 수 있다.

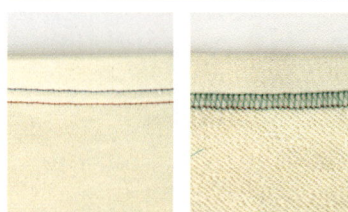

커버스티치 재봉틀
기본 설정

주로 니트 소재 옷의 밑단을 박을 때 사용하는 재봉틀입니다. 이 책에서는 커버스티치 재봉틀을 사용하지 않아도 오버록 재봉틀을 이용해 만들 수 있는 방법을 소개하지만, 커버스티치 재봉틀이 있으면 한 단계 더 발전하여 기성복처럼 만들 수 있습니다. 책에 실린 작품을 만들 때 사용한 커버스티치 재봉틀 설정을 소개합니다.

바늘땀

겉	안

겉에는 직선박기 같은 바늘땀이 2줄 나타납니다. 여기에서 소개하는 커버스티치 재봉틀은 바늘땀이 3줄 생기는 재봉틀이라서 가운데 바늘을 사용하지 않고 바늘 2개로 사용합니다.

안에는 오버록한 것 같은 바늘땀이 됩니다. 옷감 가장자리가 이 바늘땀으로 가려지며 박힙니다.

JANOME

땀수 조절
3

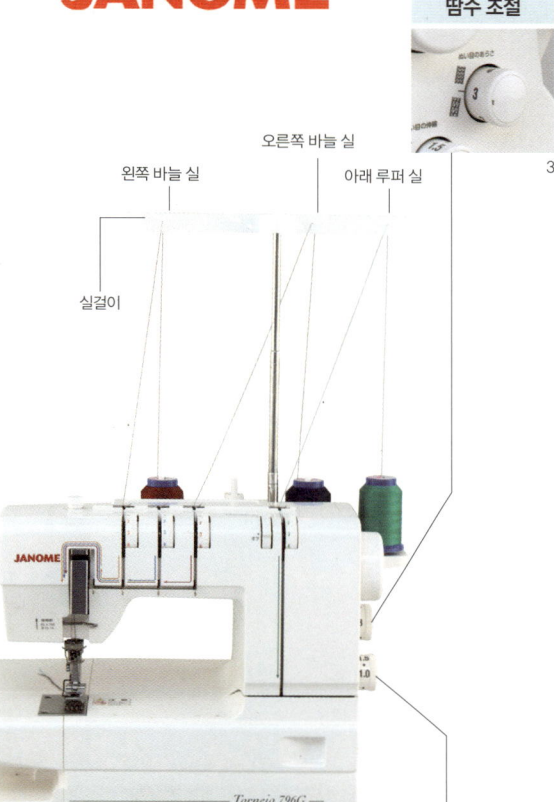

왼쪽 바늘 실
오른쪽 바늘 실
아래 루퍼 실
실걸이

차동 조절

늘인다	표준	줄인다
0.5	1.0	2.0
최소 0.5	1.0	최대 2.25

JUKI

땀수 조절
2.5

실 안내(실걸이)
이중고리(아래) 루퍼 실
왼쪽 바늘 실
오른쪽 바늘 실

차동 조절

늘인다	표준	줄인다
0.7 DIF	N DIF	2 dif
최소 0.7	N	최대 2

커버스티치 재봉틀로 박는 법 (통 모양일 때)

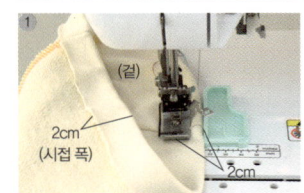

1
(겉)
2cm (시접 폭)
2cm

시접을 다려서 접어 둔다. 겉이 위로 오게 놓고 옷감 가장자리가 왼쪽 바늘 위치에 오도록 옷감을 놓는다.

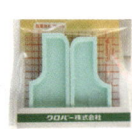

가이드

옷감을 접은 곳에 가이드를 대면 일정한 폭으로 박을 수 있다.

2

왼손으로 옷감 가장자리의 높낮이 차를 확인하고 가장자리가 왼쪽 바늘 위치에 와 있는지 확인하며 박으면 옷감 가장자리가 바늘땀에서 빠지는 것을 막을 수 있다.

3

박으면서 시작 부분의 실을 자른다.

4

박기 시작한 부분의 바늘땀에 3~4cm 겹쳐서 박는다.

5 실 빼는 법

노루발을 올리고 노루발 바로 뒤의 옷감을 잡은 뒤에 노루발 뒤쪽으로 똑바로 15cm 정도 실을 끌어낸다.

※ P.84에 계속됩니다.

83

재봉틀 바늘

커버스티치 재봉틀은 주로 니트 옷감(편물)을 박는 재봉틀이므로 부속품으로 니트용 바늘이 들어 있습니다. 작업할 때는 이 니트용 바늘을 사용합니다. 책에서 소개한 니트 옷감에는 11호나 12호 바늘을 사용합니다.

실

60번

90번

커버스티치 재봉틀에 사용하는 실은 60번 니트 전용 재봉실을 추천합니다. 얇은 니트 옷감일 때는 90번 오버록 재봉실(킹스펀, 하이스펀)을 써도 좋습니다. 같은 실이 3개 없을 때는 아래 루퍼 실만 색이 다르거나 굵기가 다른 실을 대신 써도 OK. 샤페스펀을 대신 쓸 수도 있습니다.

땀수 조절

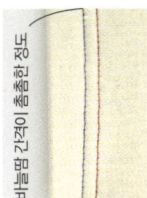

바늘땀 간격이 촘촘한 정도를 조절하는 기능. 해당 재봉틀의 표준 땀수로 사용합니다.

바늘땀 간격이 촘촘한 정도

차동 조절

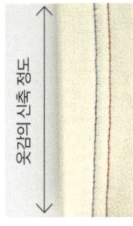

옷감의 신축 정도를 조절하는 기능. 해당 재봉틀의 표준 설정으로 사용합니다. 단, 본 작업 전에 미리 자투리 옷감에 박아 보고, 옷감이 늘어나면 줄이는 쪽으로, 옷감이 줄어들면 늘이는 쪽으로 미세 조정하여 사용합니다.

옷감의 신축 정도

---

brother

땀수 조절

3

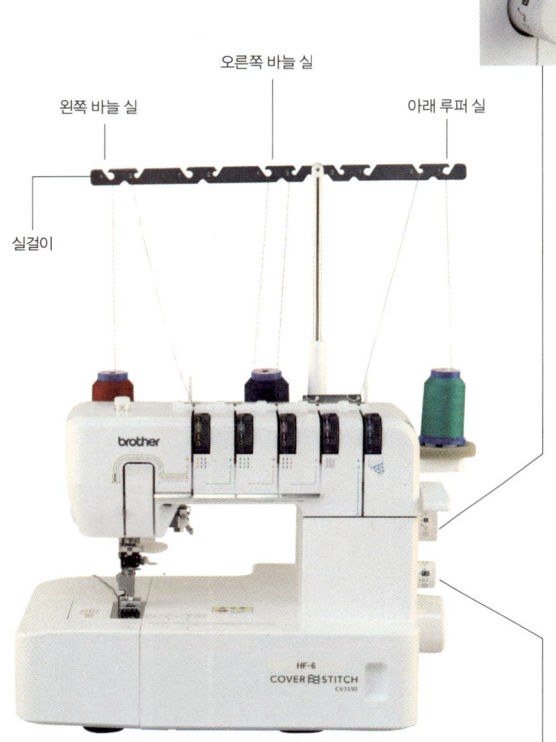

왼쪽 바늘 실
오른쪽 바늘 실
아래 루퍼 실
실걸이

차동 조절

늘인다	표준	줄인다
	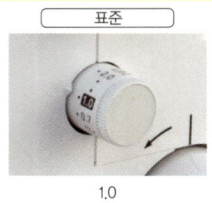	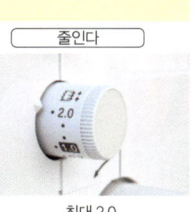
최소 0.7	1.0	최대 2.0

baby lock®

땀수 조절

2.5

왼쪽 바늘 실
오른쪽 바늘 실
아래 루퍼 실
실걸이

차동 조절

늘인다	표준	줄인다
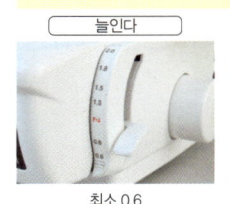	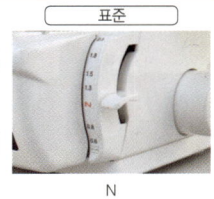	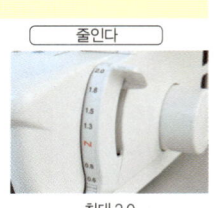
최소 0.6	N	최대 2.0

커버스티치 재봉틀로 박는 법 (통 모양일 때) ※ P.83에서 이어집니다.

6 실 자르는 법

사진에 나온 각도로 실을 당겨서 2단으로 나눠진 실 중에 윗단만 자른다.

7

옷감을 당기면 재봉틀에서 나온 실이 1줄이 되므로 그 1줄을 자른다. ※ 이때 옷감에 박은 바늘땀이 아닌 부분을 잡고 당긴다.

8

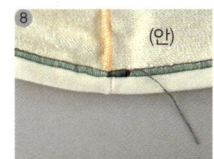

(안)

옷감 안쪽에서 실이 3줄 나와 있다. 이 실을 돗바늘에 꿰어서 가까운 바늘땀에 통과시켜 처리한다.

바늘땀 푸는 법

1

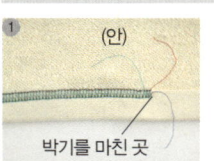

(안)

박기를 마친 곳

옷감 안쪽에서 실이 3줄 나와 있는 모습.

2

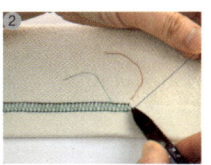

왼쪽 바늘 실(빨강)과 오른쪽 바늘 실(파랑)을 옷감에 바짝 붙여서 자른다. 아래 루퍼 실(초록)은 자르지 않는다.

3

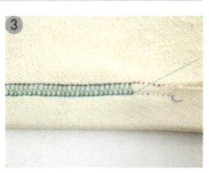

아래 루퍼 실(초록)을 당기면 술술 풀린다.